Edeltraut Schulte
Zum Berger See 91
58285 Gevelsberg
Telefon 02332 / 6 05 04
Email: edeltraut.schulte@gmail.com

W0407262

Suzanne Davenport Tietjen

Umsorgt wie meine Schafe

Was eine Schäferin über Gott
und die Psalmen gelernt hat

BRUNNEN
Verlag Giessen · Basel

Deutsch von Anja Findeisen-MacKenzie
Lektorat und Textauswahl: Konstanze von der Pahlen

FSC
www.fsc.org
MIX
Papier aus verantwortungsvollen Quellen
FSC® C014496

www.brunnen-verlag.de
Umschlagfoto: privat, shutterstock
Umschlaggestaltung: Ralf Simon
Satz: DTP Brunnen
Druck: GGP Media GmbH, Pößneck
ISBN 978-3-7655-1589-7

Inhalt

Einführung

Als meine Tochter an einer theologischen Ausbildungsstätte in Chicago zu studieren begann, machte ein junger Mann ihr gleich am ersten Tag ein Kompliment für ihren selbst gestrickten Pulli. Sie erzählte ihm, dass die Wolle von ihren zwei Lieblingsschafen, Sancho und Baab, stamme.

Als er begriffen hatte, was sie da sagte, fragte er erstaunt: „Du hast Schafe? Woher kommst du?“

„Hier ganz aus der Nähe“, antwortete sie. „Ich lebe auf einer Farm.“

Verwundert starrte er sie an: „Es gibt tatsächlich noch Leute, die Schafe halten?“

Ja. Die gibt's noch.

Viele Menschen kennen lange schon keine Familie mehr, die einen eigenen Bauernhof besitzt. Ein Betrieb, auf dem Schafe gehalten werden, ist uns noch fremder – ganz zu schweigen von echten Schäfern wie zu alttestamentlichen Zeiten; davon sind wir Lichtjahre entfernt. Wenn wir Christen einen Bibeltext über Schafe lesen, dann haben wir zwar meist eine Vorstellung von Schafen, aber kein echtes Wissen über sie.

Es ging mir genauso, bevor ich Schafzüchterin wurde.

Damals dachte ich auch, ich wüsste recht viel über meine Beziehung zu Gott und seine zu mir. Aber da wusste ich nicht, was ich nicht wusste.

Die Menschen in biblischer Zeit hatten dieses Problem nicht. Schafe spielten in ihrem Leben eine äußerst wichtige Rolle. Sie dienten der Gewinnung von Lebensmitteln (Fleisch, Milch, Butter und Käse), von Wärme (Kleidung, Teppiche und Wandbehänge); sie spendeten

Schutz (Häute für Zelte und Filzdecken) und lieferten weitere nützliche Dinge (Seife, Kerzen, Musikinstrumente und so weiter). Schafe waren für den Lebensstandard von enormer Bedeutung. Die Größe der Herde war der Maßstab für den Wohlstand einer Familie.

Der bekannte Psalm 23, der vom guten Hirten erzählt, findet in unseren Herzen durchaus Anklang, aber der Rhythmus der Weidehaltung, die Gewohnheiten von Schafen und ihre Wahrnehmung der Welt, die dort mitschwingen, bleiben uns verborgen.

Gott sagt, dass wir seine Schafe sind.

Die Generation von König David verstand noch, was das bedeutet.

Und wir?

Obwohl die meisten von uns nur ganz selten ein Schaf in natura sehen, sind wir von ihnen so begeistert, dass wir sie auf unseren Socken, Pullovern und Decken abbilden. Schon Babys finden sie in ihren Bilderbüchern, und Kinder nehmen Schafe als Kuscheltiere mit ins Bett. Romantische Szenen von grasenden Mutterschafen und herumtollenden Lämmern sind für uns ein entspannendes, friedvolles Bild – in unserer hektischen Welt ein seltener Anblick. Ihre sanfte Schönheit zieht uns an, und so umringen wir bei Spaziergängen und in Streichelzoos die Schafpferche. Wir lehnen uns über das Gatter und kraulen die Tiere. Jung und Alt freuen sich an der weichen Wolle der Lämmer und lächeln staunend über den herrlichen Duft von Lanolin, das an den Fingerspitzen zurückbleibt.

Zwar haben Schafe den Ruf, nicht besonders schlau zu sein, aber sie können uns eine Menge über uns selbst und unsere Beziehung zu Gott beibringen. Wie Schneeflocken und Menschen einzigartig sind, so ist auch kein Schaf wie das andere. Sie können widerspenstig oder artig sein – sie zu versorgen, ist in jedem Fall eine Herausforderung. Deshalb ließ Gott auch wichtige Führungspersönlichkeiten der Bibel zunächst als Schäfer arbeiten; das war Teil ihrer Ausbildung. Abraham, Jakob und Mose waren Schafhirten, und bevor David zum König gekrönt wurde, war er viele Jahre durch die Schule des Schafehütens gegangen. Seine Herde gut zu versorgen, rüstete ihn für die Aufgabe aus, eine ganze Nation zu führen.[1]

Genau wie Davids Schafe sind auch meine hervorragende Lehrer. Mit ihnen auf der Weide habe ich mehr über mich selbst, andere Menschen und mein Leben mit Gott gelernt als in jedem Klassenzimmer. Es vergeht kaum ein Tag, an dem mir aus der Beobachtung meiner wolligen Freunde und dem Umgang mit ihnen nicht etwas geistlich Wichtiges aufgeht. Darum habe ich dieses Buch geschrieben: damit auch Sie von ihnen lernen können.

Genau wie wir haben auch Schafe ihre Fehler. Sie können angriffslustig, rebellisch und gierig sein. Manchmal werden sie von Furcht überwältigt. Allein sind sie hilflos, aber sie kämpfen darum, ihren Willen durchzusetzen. Den mutigeren Schafen folgen sie blindlings, können die Folgen aber nicht einschätzen. Jedes Mitglied meiner Herde ist ein Individuum mit einem eigenen Namen, einer eigenen Persönlichkeit und besonderen Bedürfnissen. Ob scheu oder zutraulich oder irgendwo dazwischen – jedes hat seine eigene Geschichte.

Schafe sind eben so, wie sie sind – genau wie wir Menschen.

Ihre größte Schwäche – anderen zu folgen – kann auch ihre größte Stärke sein.

Oft frage ich mich, was Gott eigentlich von uns erwartet. Ich weiß, dass ich ihn immer wieder enttäusche und missverstehe. Das bringt mich zum Nachdenken: Was er von uns erwartet, muss doch etwas ganz Einfaches sein. Etwas, das sogar ein Schaf kann.

Sehen wir uns Jesus an, als er seine Jünger berief, diesen kleinen, bunt zusammengewürfelten Haufen. Wozu forderte er sie auf?

Studiert mich?

Begreift mich?

Nein.

Nichts dergleichen.

Er sagte einfach: „Folgt mir nach."

Das ist es, worum er seine Jünger bat.

Und irgendwie überrascht es mich, dass sie es taten.

Jesus sagte: „Folgt mir nach."

Sie ließen alles stehen und liegen und gingen mit ihm.

Doch Jesus berief nicht nur seine zwölf Jünger. Er ruft auch uns dazu auf – jeden von uns –, ihm täglich nachzufolgen.[2] Wie ein Echo hallt aus seinem Mund durch die Jahrhunderte der Ruf Gottes an sein Volk: „Ach, würde mein Volk doch auf mich hören, würde Israel doch auf meinen Wegen gehen!“[3]

Dieser Ruf steht in unserem Leben als Christen im Mittelpunkt.

Immer und immer wieder ruft Jesus uns – Sie und mich –, ihm nachzufolgen.

Werden wir es tun?

„Kommt zu mir. Folgt mir nach.“

Aber wie?

Oft wissen wir es nicht.

Wir sind frustriert und enttäuscht, weil unser Leben als Christen nur von unseren eigenen Anstrengungen geprägt ist. Wir haben es satt, Gott gefallen zu wollen, indem wir uns an eine Liste von Regeln halten, das Richtige glauben, eine christliche Maske tragen – kurz: alles richtig machen wollen.

Wie also können wir Jesus nachfolgen?

Und warum ist das so schwer?

Ich habe gute Neuigkeiten für Sie: Es muss nicht schwer sein.

Kommen Sie mit.

Ich mache Sie mit meinen Schafen bekannt.

Gehen Sie mit mir durch das Tor zur Weide und hinein in die Psalmen.

Lernen Sie von den wahren Experten, was es heißt, dem Hirten zu folgen.

Auserwählt

Vor fünfzehn Jahren gab meine Familie ihr Nomadendasein beim Militär auf und ließ sich auf einer Farm mitten im amerikanischen Bundesstaat Illinois nieder. Bethany, unsere Jüngste, war von dieser Idee besonders begeistert. Prompt schloss sie sich einer landwirtschaftlichen Jugendorganisation an. Ihre neuen Freunde hielten Rinder und Milchvieh, Schafe mit schwarzen Köpfen, Kaninchen und Geflügel. Wofür würde Bethany sich entscheiden? Ich versuchte sie in ihrer Wahl nicht zu beeinflussen, aber insgeheim hoffte ich, sie würde sich Schafe aussuchen. Ich hatte immer davon geträumt, Schafe zu halten, deren Wolle zu spinnen, Pullover zu stricken und weben zu lernen. Außerdem schienen Schafe mir für eine Fünftklässlerin gut geeignet zu sein. Wir erfuhren, dass sie sanftmütig seien, wenig tägliche Arbeit erforderten und aufgrund ihrer völligen Abhängigkeit vom Schafhirten das Verantwortungsbewusstsein unserer Tochter stärken würden.

Es stellte sich heraus, dass auch Bethany sich in Schafe verliebt hatte. Stunden verbrachten wir damit, Bücher über verschiedene Rassen zu lesen und uns die Abbildungen anzusehen. Bethany sprach mit den Leitern der Jugendorganisation und ihren Freunden darüber und traf dann ihre Entscheidung. Sie wollte Schafhirtin werden.

Jetzt brauchte sie also nur noch die Tiere selbst.

Sie beschloss, mit schwarzen Schafen zu beginnen, weil naturgefärbte Wolle selten ist und man von den Textilherstellern dafür einen höheren Preis bekommt. Sie sah sich Anzeigen in einschlägigen Zeitschriften an, und wir besuchten Auktionen und Messen. Jedes Mal faszinierten uns die Schafe aufs Neue. Einmal musste ich Bethany geradezu von einem Streichelzoo wegzerren, wo sie sich mit einem kleinen weißen Lamm angefreundet hatte. (Ich habe immer noch ein Foto von den beiden, auf dem sie einander den Kopf zuneigen und ihre Stirn sich fast berührt.)

Endlich fand Bethany eine Anzeige von einer Schäferin aus Wisconsin, deren Mann darauf bestand, dass sie ihre Herde verkleinerte. Bethany zählte ihr hart verdientes Geld, überwand ihre Scheu vor dem Telefonieren, rief die Schäferin an und schlug einen Handel vor. Mein Mann fertigte ein Geländer für unseren kleinen Lieferwagen an, und wir machten einen Termin ab, an dem wir in den Norden fahren wollten, um die Schafe auszusuchen. Selbst der Schnee, der über die verlassenen zweispurigen Straßen wehte, konnte Bethanys Begeisterung nicht dämpfen. Während der mehrstündigen Fahrt hüpfte sie unruhig auf ihrem Sitz herum. Als wir schließlich den Stall betraten, weiteten sich ihre Augen vor Staunen. Durch den ungewohnten Anblick, die Geräusche und Gerüche fühlten wir uns sofort hineinversetzt in die uralte Welt der Schafe. Bethany versuchte sich in Erinnerung zu rufen, worauf sie achten musste, als sie ihre beiden Schafe aus dem Pferch der Jährlinge auswählte. Allerdings gab sie später zu, dass sie sich unwillkürlich in deren Gesichter verliebt hatte, statt sie nach der intakten Fellstruktur zu beurteilen, wie man es ihr beigebracht hatte.

Ihr Vater lud die kleinen Schafe auf die Ladefläche unseres Lieferwagens, und wir brachen nach Hause auf. In Gedanken stellten wir uns vor, wie unsere ruhige Scheune bald mit Schafblöken erfüllt sein würde, das Holz blank gescheuert und ölig glänzend von der Wolle unserer Tiere.

So fing alles an. Inzwischen sind unsere Ställe tatsächlich von Leben und Lärm erfüllt, von Freude und Trauer, und das Holz wurde im Laufe der Zeit vom Schaffett, dem Lanolin, kräftig poliert.

Alles hatte damit angefangen, dass wir Schafe liebten und uns auf die Suche nach ihnen machten. Die Schafe wussten nicht, dass es uns gab. Und erst recht suchten sie sich uns nicht aus. Meine Tochter sparte ihr Geld. Sie machte die Tiere ausfindig, die sie haben wollte, fuhr hin und suchte sich die ersten Schafe für unsere Herde aus. Sie zählte die zerknitterten Scheine auf den Tisch und kaufte die Tiere zu einem festgelegten Preis. Dann nahm sie sie in ihre Obhut.

Schafe suchen sich ihren Hirten nicht aus. Nur allzu oft wollen sie ihm sogar entkommen, wenn sich eine Gelegenheit bietet. Sie laufen in alle Richtungen davon, verirren sich und bringen sich selbst in Gefahr. Schafen wie Menschen gefällt der Gedanke, sie hätten alles im Griff. Doch gerade dann, wenn sie auf sich selbst gestellt sind, befinden sie sich in der größten Gefahr.

Der Hirte aber sucht die Schafe – immer. Er ist ihr Besitzer, sie gehören zu ihm. Auch wir Menschen wären besser dran, wenn wir das glauben und danach leben würden.

„Begreift doch, dass sich der Herr für mich entschieden hat."
Psalm 4,4 NGÜ

„Denn er ist unser Gott, und wir sind sein Volk. Er kümmert sich um uns wie ein Hirte, der seine Herde auf die Weide führt."
Psalm 95,7

Lieber Herr,
danke, dass du mich gesucht und erwählt hast.
Hilf mir zu verstehen, dass ich zu dir gehöre und
du für mich sorgst.
Hilf mir, nach deinem Willen zu leben und
nicht nach meinem eigenen.
In Jesu Namen, amen.

Ihm nachfolgen

Gott vergleicht sein Volk oft mit Schafen. Wir sind die Schafe, die er auf die Weide führt, die er mit eigener Hand leitet. Diese Hand steht für Schutz und Führung. Das bedeutet, dass Gott selbst für uns sorgt und unsere Pflege nicht jemand anderem überlässt. Auch wir sorgen in unserer Familie persönlich für unsere Schafe. Einige von ihnen sind dankbar, dass sie zu uns gehören dürfen, andere wiederum bleiben wild und unabhängig. Wenn Sie in dieser Woche Pläne machen und Ihre eigenen Wege verfolgen wollen, dann halten Sie doch einmal inne und denken Sie daran, dass Sie nicht sich selbst gehören. Sie wurden vom Hirten erwählt. Bitten Sie ihn darum, Sie zu führen – und dann folgen Sie ihm.

Ein kostbarer Schatz

Allein schon dass wir lieben, macht uns verletzlich. Egal was du liebst, dein Herz wird mit Sicherheit Schmerz erleiden, vielleicht wird es sogar gebrochen. Wenn es also heil bleiben soll, darfst du es an niemanden verschenken, nicht einmal an ein Tier. Pack es sorgfältig in Hobbys und ein wenig Luxus ein; vermeide alle Beziehungen; schließ es sicher ein in die Schatulle oder den Sarg deiner Selbstsucht. In dieser Schatulle aber – sicher, dunkel, ohne Bewegung und ohne Luft – wird dein Herz sich verändern. Es kann nicht gebrochen werden; es wird unzerbrechlich, undurchdringlich, unerlösbar.

C.S. Lewis[4]

Schafhirten haben ein weiches Herz, und darum wird es oft gebrochen.

Es sind charmante, eigenwillige Geschöpfe, um die wir uns da kümmern. Und wir müssen zugeben: Ja, wir lieben unsere Schafe. Wir können gar nicht anders. Wir verlieren unser Herz an jedes neugeborene Lamm, das uns auf seinen unsicheren Beinen entgegenstakst.

Doch das hat seinen Preis. Die Liebe meiner Tochter zu ihrem Schaf Stormy ließ sie daran zweifeln, ob sie wirklich zur Schafhirtin geboren war.

Und das kam so:

Eines Abends war Bethany, die inzwischen schon zur Highschool ging, allein zu Hause. Es war viel Schnee gefallen, und Bethany ging noch einmal hinaus, um nach den Schafen zu sehen. Plötzlich stolperte sie fast über ein neugeborenes Lamm, das unter einer Schneeverwehung lag, sich nicht rührte und dem Tod nah war. Schon früher hatte Bethany mit mir gemeinsam „erfrorene“ Lämmer wieder zum Leben erweckt. Immer staunten wir, wenn sich ein Lamm, das wir schon für tot gehalten hatten, wieder bewegte und den Kopf hob, nachdem wir es gewärmt hatten. Wenn das Lamm erst einmal den Kopf hob, konnten wir ihm aufgetautes Kolostrum einflößen, die allererste Muttermilch eines Schafes, die wir immer vom Jahr davor aufhoben und im Tiefkühler eingefroren hatten. Es dauerte meistens keine Stunde, da tapste das Lamm auch schon durch die Küche, und seine kleinen Hufe klapperten auf dem Linoleum, während es die ungewohnte Umgebung erkundete.

Bethany traute sich zu, dies alles auch allein zu schaffen.

Also machte sie sich an die Arbeit.

Der Föhn schien nicht zu helfen, darum ließ sie warmes Wasser ins Spülbecken ein, wickelte das Lamm in eine Mülltüte und formte einen Kragen um den kleinen Hals herum. Dann tauchte sie das Lamm schultertief ins Wasser. Sie wusste, dass sie das Wasser vom Fell des Tieres fernhalten musste, damit das Lamm immer noch seinen typischen Geruch behielt und seine Mutter es später wieder annahm – falls es überlebte.

Bald schon spürte meine Tochter, wie das Kleine sich zu bewegen begann. Erst nur ein bisschen. Bethany ließ noch mehr warmes Wasser ein, denn das halb erfrorene Tier hatte das Wasser abgekühlt wie ein Eiswürfel den heißen Tee. Dann traf mit Bethanys Vater und mir endlich Verstärkung ein. Bethany hatte das Lamm inzwischen schon aufgewärmt, gefüttert und wieder mit seiner Mutter vereint. Und sie hatte sich unsterblich in die Kleine verliebt.

Stormy war einfach hübsch. Ein gut gebautes Oxford-Schaf mit hervorragenden Eltern. In unseren Augen war sie die geeignete Kandidatin für den Ausstellungsring.

Stormy war einfach etwas Besonderes.

Kostbar, geliebt.

Aber nicht immer gehen die Dinge gut aus.

Wie es bei Lämmern manchmal vorkommt, hatte eines Tages

auch Stormy zu viele Lammpellets gefressen – nicht so viele, dass es lebensbedrohlich war, aber genug, um sich ziemlich unwohl zu fühlen. Bethany brachte sie ins Haus, und wir überlegten gemeinsam, was zu tun war. Mit jedem Atemzug stöhnte Stormy ein wenig, aber immerhin war sie auf den Beinen und – trotz ihres aufgeblähten Bauches – bei Kräften. Bethany beschloss, ihr ein Medikament einzuflößen, das die Luftblasen auflösen würde. Sie zog die korrekte Menge in einer Spritze auf und führte die Plastiköffnung seitlich in Stormys Maul ein. Dann schob sie den Kolben langsam nach vorne.

Genau in dem Moment, als Bethany das Medikament einflößte, holte Stormy tief Luft, um mit einem lauten „Määääh!“ zu protestieren. Dabei atmete sie die ölhaltige Medizin ein.

Ich packte das Lamm und hielt es mit dem Kopf nach unten, in der Hoffnung, dass die Flüssigkeit so wieder herauslaufen würde. Bethany rief voller Panik den Tierarzt an, doch der machte uns wenig Hoffnung. Er versicherte uns, dass Bethany alles richtig gemacht hatte. Es war einfach ein tragischer Unfall.

Innerhalb von Minuten war Stormy tot.

Danach war Bethany nicht mehr dieselbe. Sie ist sowieso ein sensibler Mensch, und es machte ihr immer zu schaffen, wenn sie ein Lamm verlor. Doch diesmal warf es sie regelrecht aus der Bahn. Sie bekam Zweifel, ob sie noch weiter Schafe züchten wollte, nachdem ihr liebstes Lamm unter ihren Händen gestorben war.

„Vielleicht habe ich sie zu sehr geliebt“, sagte sie.

Doch ich glaube nicht, dass das stimmt.

Wir lieben.

Zwar auf unsere unvollkommene Art und Weise, aber wir lieben.

Obwohl wir wissen, dass wir unser Kostbarstes verlieren werden, lieben wir.

Diese Fähigkeit zu lieben ist vielleicht ein Zeichen dafür, dass wir nach Gottes Ebenbild geschaffen sind; denn Gott selbst *ist* Liebe. Liebe ist, was Gott ist – sein Wesen, das ihn ausmacht, seine Taten.

Er liebt uns mehr, als wir es uns vorstellen können (manchen von uns fällt das vielleicht besonders schwer).

Trotzdem sind wir in seinen Augen wertvoll.

Immer wieder weisen uns die Psalmen darauf hin, dass Gottes Volk für ihn kostbar ist. Diese Lieder sind sozusagen das Gesangbuch des Volkes Israel. Sie erinnern Israel daran, dass es Gottes besonderer Schatz ist. Salomo, wohl der weiseste Mensch, der je gelebt hat, schrieb: „Er rettet den Wehrlosen, der um Hilfe fleht; den Schwachen, dem jeder andere seine Unterstützung versagt. Am Schicksal der Hilflosen nimmt er Anteil und bewahrt sie vor dem sicheren Tod. Er befreit sie von Gewaltherrschaft, ihrer Unterdrückung macht er ein Ende, denn in seinen Augen ist ihr Leben wertvoll" (Psalm 72, 12-14).

Meine Schafe sind für mich kostbar, auch wenn sie kaum ahnen, dass ich sie liebe. Genauso ist es bei mir: Auch ich bin mir nicht bewusst, wie groß Gottes Liebe zu mir ist. Mein Verstand sagt mir, dass Gott mich liebt. Ich kann es ja in seinem Wort nachlesen und halte es für wahr. Doch ich fühle und bemerke seine Liebe oft nicht, obwohl sie mir zufließt: in Gebeten, die er erhört; in dem Guten, das er mir schenkt; in kleinen Ereignissen, die in meinem Leben zum Segen werden.

Egal, was passiert, er liebt uns.

Können Sie sich das vorstellen?

Wir gehen ihm aus dem Weg, wir ignorieren ihn, missachten ihn und brechen ihm das Herz.

Und wie reagiert er darauf? Für immer und ewig mit Liebe.

So kostbar sind wir für ihn.

Wir sind die Schafe, die er mit eigener Hand leitet.

„Seine Liebe zu uns ist stark und mächtig,
und seine Treue hört niemals auf! Halleluja!"
Psalm 117,2

Lieber Gott,
ich weiß, dass ich deine Liebe nicht begreifen kann.
Doch hilf mir, dass ich wenigstens ab und
zu einen Blick auf sie erhasche.
Lass mich deine Liebe entdecken
in der Freundlichkeit eines Fremden,
in der Umarmung eines Freundes,
in einem Lied aus dem Radio.
Du bist da und liebst mich immer.
Öffne mein Herz, damit ich erkenne:
Ich bin kostbar für dich.
Danke.
Im Namen deines Sohnes Jesus, amen.

Ihm nachfolgen

Wenn Sie eine Bibel besitzen, dann schlagen Sie doch Psalm 136 auf. Lesen Sie ihn in dieser Woche jeden Morgen laut. Achten Sie auf den immer wiederkehrenden Satz „Seine Gnade hört niemals auf“, und lassen Sie diesen Gedanken tief in Ihr Herz hinein. Bitten Sie Gott, dass er Ihnen hilft, daran zu glauben.

Und dann leben Sie als ein Mensch, der geliebt wird.

Emmy auf der Flucht

Emmy sprang nach links und wich mir mühelos aus. Ich musste sie einfangen, doch dieser blitzschnelle Jährling wollte sich einfach nicht erwischen lassen. Zum Glück gibt es kein Video von mir, wie ich im Matsch ausrutsche, während Emmy nach rechts hopst, mich geschickt austrickst und über das offene Feld weggaloppiert. Dann steht sie vor der Stalltür und scheint mich siegessicher anzugrinsen wie ein Fußballstar, der gerade den Ball im Tor versenkt hat – unter dem Jubel der Zuschauer.

Wenn man Schafe einfangen will, muss man wissen, wie sie sind, wie sie sich verhalten, und sogar, wie sie denken. Man kann Schafen nicht einfach hinterherjagen, denn sie sind viel schneller als wir. Emmy betrachtet die Welt aus der Sicht eines Beutetiers. Sie ist misstrauisch und fühlt sich nie hundertprozentig sicher. Wenn sie ruhig ist, kann sie Entscheidungen treffen. Wenn sie Angst hat, dann rennt sie einfach los. Wie alle Schafe hat auch Emmy eine Fluchtzone. Sie weiß, wie nahe sie ein Raubtier (einen Kojoten, den Nachbarshund oder in diesem Fall mich) herankommen lassen darf, um noch rechtzeitig fliehen zu können. Schafe wollen zu einer sich nähernden Bedrohung einen bestimmten Abstand halten. Wenn man diese Fluchtzone betritt, ziehen sie sich zurück.

Schafe, die eine große Fluchtzone haben, sind schwerer einzufangen.

Emmy hat eine riesige Fluchtzone.

Trotzdem kann ich mir mein Wissen über Schafe zunutze machen, wenn ich sie fangen will. Schafe bewegen sich lieber weg von der Dunkelheit, hin zum Licht. Die Dunkelheit birgt Gefahren, Licht aber bedeutet Offenheit und Freiheit. Schafe auf dem offenen

Feld zu fangen, ist geradezu unmöglich. Ich wusste also, dass Emmy jede Möglichkeit nutzen würde, um dorthin zu gelangen.

Wenn möglich, laufen Schafe eher mit dem Wind als gegen ihn. Denn die meisten Feinde verfolgen sie, indem sie ihren Geruch aufspüren.

Schafe gehen auch lieber bergauf als bergab. Sie durchqueren nicht so gern Wasserläufe, und sie meiden enge Durchgänge und glatten Untergrund – alles, was sie zur leichten Beute des großen, bösen Wolfs machen könnte.

Direkten Augenkontakt hassen sie. Sie mit dem Blick zu fixieren, ist ein Raubtierverhalten – ziemlich wolfartig. Besser ist es, ein kleines Stück an ihnen vorbeizuschauen, auf ihre Ohrspitze oder ihre Schulter zum Beispiel, dann fühlen sie sich weniger bedroht.

Schafe haben ein ausgezeichnetes Gedächtnis. Wenn wir sie entwurmen, impfen oder ihre Hufe beschneiden wollen, dann machen wir besser alles auf einmal. Denn sie merken sich genau, was wir ihnen „angetan" haben, und sie das nächste Mal einzufangen, wird doppelt so schwierig.

Wenn ich meine Schafe so beobachte, fällt mir auf, dass ich selbst oft ähnliche Taktiken benutze, um mich vor echten oder vermeintlichen Bedrohungen zu schützen. Ich habe nicht vergessen, wie ich hereingelegt oder verletzt wurde. Deshalb versuche ich Situationen zu meiden, die mich verletzlich machen. Ich werde misstrauisch und richte meine eigene Fluchtzone ein, bei der ich den emotionalen Abstand festlege, der nicht überschritten werden darf. Ich entscheide, wie nahe ich andere an mich heranlasse, und errichte Blockaden, damit ich mich sicherer fühle. Wie meine Schafe vermeide ich gefährliche Situationen, was ja auch weise ist. Aber manchmal sehe ich Bedrohungen, wo keine sind, und treffe Entscheidungen, die mehr auf Angst beruhen als auf Liebe oder Weisheit.

Wir haben einen Hirten, der uns kennt. Wie wir sind. Was in unseren Herzen vor sich geht. Er kennt und sucht uns. Vielleicht erscheint uns dieser Gott, der auf der Suche nach uns ist, bedrohlich, aber er will nur unser Bestes. Obwohl wir ihm noch nicht vertrauen, betritt er unsere Fluchtzone; er setzt sein Wissen über uns ein und seine Liebe, um uns nach Hause zu bringen.

Ich fing Emmy ein, indem ich die Tore zur Weide schloss. Die Herde befand sich nun auf der Koppel, in deren Mitte der Stall lag. Dann ging ich langsam hinter der Herde her und trieb sie zum höchsten Punkt der Koppel. Dort drängten sich die Tiere, und ich konnte Emmy einfangen, weil sie von ihren wolligen Freunden umgeben war. Ich näherte mich von hinten und nutzte ihren blinden Fleck, um sie unter dem Kinn zu packen und ihren Kopf anzuheben. Ein Hirtenstab hätte meinen Arm noch verlängert, doch das war in diesem Fall nicht nötig.

Es genügte, dass ich Emmy genau kannte.

„Durchforsche mich, o Gott, und sieh mir ins Herz,
prüfe meine Gedanken und Gefühle!"
Psalm 139,23

Lieber Herr,
manchmal überwältigt mich die Furcht.
Oder ich lecke meine Wunden und beschließe,
mich nie wieder verletzen zu lassen.
Ich weite meine Fluchtzone aus und dränge andere –
manchmal sogar dich – weg.
Einen Gott, der verletzlich ist – das kann ich mir nicht vorstellen.
Oder einen, der sich eine Beziehung zu mir wünscht.

Danke, dass du mir durch deinen Sohn gezeigt hast,
wie es in deinem Herzen aussieht.
Danke, dass du mich kennst und mich so annimmst, wie ich bin.
Nun zeige mir doch bitte deine Wege.
Heute – jetzt – überlasse ich dir meine Ängste.
In Jesu Namen, amen.

Ihm nachfolgen

Bitten Sie Gott, Ihnen zu zeigen, wo Sie sich gegen echte oder vermeintliche Bedrohungen schützen. Beten Sie in dieser Woche darüber, welche Barrikaden abgebaut werden sollten. Werden Sie still vor dem Einen, der Sie am besten kennt, und suchen Sie seine Weisheit.

Halten Sie still.

Erlauben Sie dem Hirten, zu Ihnen zu kommen.

Am Boden

Deborah, ein großzügiges und liebevolles Mutterschaf, kam eines Tages in große Schwierigkeiten, und das ohne Vorwarnung: Sie war hochträchtig mit mehreren Lämmern und legte sich hin, um sich auszuruhen. Zuerst behielt sie die Beine unter ihrem Körper, damit sie bei Gefahr jederzeit aufspringen konnte. Doch dann entspannte sie sich. Keine Gefahr weit und breit. Die Wintersonne schien, und ihr tiefschwarzes Fell nahm die Wärme in sich auf. Sie sah sich um, die Augenlider halb geschlossen. Keinerlei Bedrohung. Auch Annie, unsere Pyrenäenberghündin, döste in der Sonne. Deborah blinzelte müde und streckte sich zu einem Mittagsschläfchen aus.

Ein oder zwei Stunden vergingen, da wachte Deborah wieder auf. Sie streckte sich und wollte ihre Beine unter den Körper ziehen, um aufzustehen.

Noch ahnte sie nicht, in welcher schwierigen Lage sie sich befand.

Sie merkte nur, dass es ihr nicht gelang, sich auf ihre Beine zu rollen. Sie nahm Schwung und richtete ihren Körper ein gutes Stück auf. Einen Augenblick konnte sie sich halten, doch dann purzelte sie wieder zurück auf die Seite, und durch den Schwung kam sie schließlich auf dem Rücken zu liegen.

Jetzt bemerkte sie ihre Notlage.

Wahrscheinlich war ihr nicht klar, dass sie sich nicht aufrichten konnte, weil ihre Beine hügelaufwärts lagen. Aber sie erkannte, dass sie nicht mehr vom Fleck kam. Selbst ohne das Gewicht der Lämmer wäre das ein Problem gewesen; Schafe sind nämlich sehr körperlastig. Doch nun kam das zusätzliche Gewicht durch die Trächtigkeit hinzu, und das führte zu einer hoffnungslosen Situation. Deborah strampelte mit den Beinen und wirbelte Staub auf.

Sie blökte und presste dadurch noch die restliche Luft aus ihren ohnehin schon eingeengten Lungen.

Im vergangenen Jahr hatte sie Drillinge zur Welt gebracht, und es sah ganz danach aus, als würde sich das wiederholen. Weitherzig wie sie war, hatte sie im letzten Jahr zu ihren eigenen Lämmern noch zwei verwaiste zu sich genommen und ihnen im kalten Winterwind Wärme gespendet. In diesem Jahr trug sie wieder mehrere Lämmer und stand kurz vor der Geburt. Sie war fast genauso breit wie lang. Ihr Körper war nun viel zu schwer für ihre schmalen Beine, und so kippte sie nach jedem Aufstehversuch wieder um wie ein schwerer Sack, und ihre Beine ragten hilflos in die Luft.

Wir Schäfer sagen dazu: Das Schaf „liegt fest".

Als mein Mann auf den Hof fuhr, sah er von Weitem ihre umgekehrte Silhouette. Wer sich mit Schafen nicht auskennt, hätte den Anblick wahrscheinlich lustig gefunden. In Mikes Augen aber war das Ganze alles andere als komisch. Sofort erkannte er den Ernst der Situation.

Schnell rannte er zu Deborah. Das Mutterschaf, den Tod vor Augen, konnte nichts mehr tun, als ihm zuzusehen. Es war vollkommen hilflos. Keine Luft mehr zum Schreien, keine Kraft mehr, sich selbst zu befreien.

Nun hing alles vom Schäfer ab.

Auch König David hatte als Hirtenjunge solche Situationen erlebt. Jeder Schafhirte bekommt so etwas irgendwann zu sehen. Bestimmt spürte David auch Angst, als er zu seinem am Boden liegenden Schaf stürmte und sich fragte, ob er es noch retten konnte.

Er schickte ein Stoßgebet nach dem anderen zum Himmel.

Mike betete auch. Er sprach ruhig mit Deborah, während er sie umdrehte, damit ihre Beine bergab zeigten. Dann beugte er ihre ausgestreckten Glieder. Er kniete sich hin und hob das Tier mit der Schulter an, sodass die Beine wieder unter dem Körper lagen. Anschließend stand er auf, hob Deborahs Hinterteil an und half ihr auf die Beine. Alles ging ganz schnell.

Was danach kam, dauerte etwas länger. Zuerst schwankte Deborah und drohte wieder umzufallen. Also musste Mike sie stabilisieren. Er stützte erst ihre eine, dann die andere Seite, bis sie ihr Gleichgewicht wiedergefunden hatte.

Es war ziemlich kalt.

Und es dauerte.

Langsam, ganz allmählich, konnte der Schäfer das erschöpfte Schaf wieder loslassen. Schließlich machte Deborah, immer noch unsicher auf den Beinen, ein paar Schritte auf die Heuraufe zu.

So ist das Leben manchmal. Alles läuft glatt, und plötzlich geschieht etwas Unvorhergesehenes. Wir fallen in eine Depression. Wir verabschieden uns von einem geliebten Menschen und ahnen nicht, dass es das letzte Mal ist. Wir fühlen uns gesund, aber der Tumor ist bösartig. Oft meinen wir, alles unter Kontrolle zu haben. Wir planen unsere Tage, als ob wir wüssten, was sie bringen werden. Dann nimmt das Leben diese unerwartete Wendung, und wir kommen nicht damit zurecht.

Manchmal „liegen“ auch wir „fest“. Wir haben keine Ahnung, wie es dazu kommen konnte und wie wir da wieder herausfinden sollen. David schrie in seiner Verzweiflung zu Gott: „Warum nur bin ich so traurig? Warum ist mein Herz so schwer?“ (Psalm 42,12)

Doch wenn wir kaum noch Hoffnung haben, ist unsere Lage eigentlich besser, als wenn wir uns stark fühlen und meinen, wir könnten alles regeln. Denn auch dann haben wir in Wirklichkeit nichts unter Kontrolle – und dass wir davon nichts wissen, ist eher ein Nachteil. Wenn wir aber „festliegen“, erkennen wir, dass wir unser Leben nicht in der Hand haben. Wir sind nicht die Antwort auf unsere Gebete und brauchen es auch nicht zu sein.

Gott ist unser Fels.

Gott ist unsere Rettung.

Wir sind von ihm abhängig.

Das zu wissen, macht uns weise.

„Voll Zuversicht hoffte ich auf den Herrn,
und er wandte sich mir zu und hörte meinen Hilfeschrei.
Ich war in eine verzweifelte Lage geraten – wie jemand,
der bis zum Hals in einer Grube voll Schlamm und Kot steckt!
Aber er hat mich herausgezogen und auf festen Boden gestellt.
Jetzt haben meine Füße wieder sicheren Halt."
Psalm 40,2-3

Himmlischer Vater,
erinnere mich, dass ich nicht alles im Griff habe.
Es ist heilsam zu wissen, dass ich ohne dich nichts kann und
mich auf dich verlassen muss. Hilf mir, daran zu denken.
Danke, dass du immer die Kraft hast zu retten.
Hilf mir, auf dich zu vertrauen und nicht auf mich selbst.
In Jesu Namen, amen.

Ihm nachfolgen

Denken Sie an eine Zeit in Ihrem Leben zurück, als Sie spürten, dass Sie die Ereignisse nicht mehr unter Kontrolle hatten. Machte Ihnen das Angst? Haben Sie versucht, auf anderen Gebieten alles in den Griff zu bekommen? Haben Sie der Verzweiflung Raum gegeben?

Und dann erinnern Sie sich an eine Zeit in Ihrem Leben, als es Ihnen gut ging damit, nicht alles beeinflussen zu können. Ich zum Beispiel denke daran, wie ich als Kind nachts mit meinen Eltern im

Auto nach Hause gefahren bin. Ich hatte meinen Schlafanzug an und schlief ein, in dem Wissen, dass meine Eltern auf mich aufpassten und ich am nächsten Morgen sicher in meinem Bett aufwachen würde.

Denken Sie in dieser Woche einmal über Folgendes nach: Auch wenn wir nicht alles, was geschieht, unter Kontrolle haben, ist Gott doch immer bei uns.

Schmecken – und sehen

In einem meiner Aktenordner habe ich unter „B“ wie Beerdigung eine schneeweiße Wollflocke von einem meiner Schafe aufgehoben. Unter Schafzüchtern gibt es den Brauch, sich mit einer solchen Wollflocke in der Hand beerdigen zu lassen. Man sagt, wenn sie in den Himmel kommen, wird ihnen dann das häufige Fehlen im Gottesdienst verziehen. Während der Zeit des Lammens habe ich schon so manchen Gottesdienst verpasst. In dieser Zeit ist es besonders wichtig, dass der Schäfer seine Tiere im Auge behält.

Eines Morgens aber riskierte ich einen Kirchgang, denn bei keinem der Mutterschafe waren die Anzeichen einer bevorstehenden Geburt zu bemerken.

Doch als ich danach wieder auf den Hof fuhr, sah ich sofort, dass es ein Problem gab. Lily, einer der Jährlinge, rannte wie verrückt um den Stall herum und blökte verzweifelt. Sie schaute auf den Schnee hinunter, drehte sich im Kreis und schien etwas zu suchen. Dann rannte sie weg. Sie wusste nicht genau, was sie suchte, aber so wie sie sich verhielt, musste es für sie sehr wichtig sein. Lily war so außer sich und in solcher Panik, dass wir sie nicht einfangen konnten. An ihrer Wolle waren aber Wasser- und Blutspuren zu sehen, ein deutliches Zeichen, dass sie gelammt hatte.

Meine Tochter und ich verschwendeten keine Zeit mit dem Versuch, sie einzufangen, sondern teilten uns auf und suchten nach dem neugeborenen Lamm.

Im Stall – nichts.

Kein verräterisches Nest im Stroh, das die erfahrenen Mutterschafe durch das Scharren mit den Hufen vorbereiten.

Wie viel Instinkt Schafe beim Lammen zeigen, ist sehr unterschiedlich. Manche Mutterschafe, die das erste Mal gebären, scheinen genau zu wissen, was sie tun müssen. Andere wiederum können mit den Wehen, die sie empfinden, nichts anfangen. Sie werden von der Geburt überrascht. Wir gingen hinaus in den Schnee und suchten nach einer etwas anders weiß gefärbten Fläche oder nach einer Vertiefung, die das neugeborene Lamm mit seinen 39 Grad Körperwärme gebildet hatte, weil der Schnee in seiner Umgebung wegtaute.

Nach kurzer Zeit fand Bethany das Kleine, das noch warm war. Sie hielt es vor sich und rief Lily, die sich vorsichtig näherte. Wir hielten den Atem an, als Lily das Lamm beschnüffelte. Dann schüttelte sie, fast wie ein Mensch, den Kopf, als ob sie sagen wollte: „Nee, das ist es nicht." Wieder lief sie los und setzte ihre Suche fort nach dem, was sie verloren hatte.

Wir riefen sie weiter und versuchten sie zu fangen, doch sie dachte gar nicht daran, sich erwischen zu lassen. Konnten wir denn nicht begreifen, dass sie beschäftigt war? Dass sie das, was sie verloren hatte, suchen musste? Wir lockten sie nicht weiter mit dem Lamm, sondern legten das Kleine in einen Pferch unter eine Wärmelampe. Dann stapften wir ins Haus und forderten Verstärkung an: Khaki, den Hütehund, und meinen Mann. Gegen uns vier hatte Lily keine Chance mehr. Wir fingen sie ein und brachten sie mit ihrem Kind in einen Lammpferch.

Immer noch wollte sie von dem Lamm nichts wissen und versuchte mit aller Kraft, aus dem Pferch herauszuspringen und ihre verzweifelte Suche fortzusetzen. „Wartet mal", sagte ich, als Mike und Bethany versuchten, sie festzuhalten und zu beruhigen. Ich bückte mich und strich mit der Hand über das noch nasse Neugeborene, um etwas von der Geburtsflüssigkeit aufzunehmen. Während Bethany Lily das Lamm hinhielt, strich ich dem Mutterschaf die Flüssigkeit auf die Nase und die Lippen.

Wieder schüttelte Lily den Kopf.

Dann leckte sie sich die Lippen – und schmeckte. Einen Augenblick lang war sie ganz still. Und dann sprach sie mit dieser typischen

Mama-Stimme der Mutterschafe, wie man sie nur einmal im Jahr zu hören bekommt. Bethany legte das Lamm dicht vor Lilys Maul, und endlich begann Lily, ihr Neugeborenes abzulecken und zu trocknen. Wir traten zurück und staunten über das, was an diesem Morgen geschehen war.

Ich weiß, dass ich mich auch oft wie Lily verhalte. Ich habe Angst und spüre, dass etwas nicht stimmt. Dabei rege ich mich so auf, dass ich die Situation gar nicht mehr richtig einschätzen kann. Ich habe das Gefühl, alles hängt von mir ab. Also renne ich herum und versuche eine Lösung für das Problem zu finden, das ich noch gar nicht recht verstanden habe. Ich suche nach Kräften, doch wie Lily erkenne ich nicht, dass das Gesuchte ganz nahe ist.

David schrieb Psalm 34, als er auf der Flucht vor König Saul war und ein anderer König, der ihn ebenfalls nicht mochte, ihn bedrohte. In Todesgefahr entkam David, indem er sich wahnsinnig stellte und den Speichel in seinen Bart laufen ließ.[5] In Psalm 34 gibt David zu, dass er Angst gehabt hatte. Er freut sich, dass Gott ihn erhört und befreit hat (Vers 5). Er fordert die Israeliten auf, ihre Gefühle vor Gott nicht zu verbergen. Sie sollen Gott loben. Sie sollen selbst herausfinden, wie gut Gott ist – und bei ihm Zuflucht suchen.

Es lohnt sich, diesen Rat auch heute noch zu befolgen.

„Schmecket und sehet, wie freundlich der Herr ist.
Wohl dem, der auf ihn trauet!“
Psalm 34,9 L

Lieber Herr,
manchmal finde ich mich nicht zurecht.
Ich weiß, dass etwas nicht stimmt,
aber ich bin dann so durcheinander, dass ich mir nicht helfen lasse.
Hilf mir, mich zu beruhigen und daran zu denken,
dass ich nicht allein bin.
Du hörst meine Gebete und beschützt mich.
Hilf mir zu schmecken und zu sehen, wie freundlich du bist.
Ich will bei dir Zuflucht suchen, wenn die Angst mich überwältigt.
In Jesu Namen, amen.

Ihm nachfolgen

Lesen Sie Psalm 34 in verschiedenen Übersetzungen. David beginnt mit einem Lob Gottes und beendet den Psalm mit Verheißungen, die Gott schenkt. Er schreibt, was geschehen ist, als er sich an Gott wandte: Gott hat seine Gebete beantwortet und ihn von seinen Ängsten befreit. David fordert sein Volk auf, den Herrn zu suchen, und sagt ihnen auch, was sie dann erwarten dürfen. Betrachten Sie die Verheißungen. Wünschen Sie sich das auch für Ihr Leben?

Schmecken Sie. Probieren Sie es mit Gott aus. Und sehen Sie.

Offene Tore

Meine Schafe lieben Tore. Auch wenn sie nicht wissen, was sich auf der anderen Seite befindet, sind sie immer optimistisch. Sie flitzen durch das geöffnete Gatter, als ob sie drüben der Himmel erwartet. Wenn wir den Netzzaun versetzen, um die Schafe auf eine neue Wiese mit frischem, saftigem Gras zu lassen, dann öffnet mein Mann schwungvoll das Tor, und die Schafe werden sofort mit leckerem Futter belohnt. Doch auch wenn keine solche Belohnung wartet, führt ein offenes Gatter doch stets woanders hin. Es bietet also einen Ausweg.

Ein offenes Tor bedeutet Freiheit.

Und Schafe lieben es umherzuwandern.

Eines meiner Mutterschafe namens Täubchen ist ein wahrer Zauberkünstler. Täubchen wartet gar nicht erst, bis das Tor sich öffnet. Sie geht, wohin sie will, und lässt sich durch kein Hindernis einschränken. Ich habe sie noch nie beim Ausbrechen erwischt, daher weiß ich nicht, ob sie über das Netz springt oder sich unten durchzwängt. Wie auch immer es ihr gelingt, hinauszukommen, nach einer Weile jedenfalls macht sie sich Sorgen, weil sie allein ist. (Und das ist auch berechtigt. Es ist ein Wunder, dass sie noch kein Kojote als Mahlzeit auserkoren hat.) Dann steht sie vor dem Tor und ruft, bis ich komme. Gerade noch außerhalb meiner Reichweite, wartet Täubchen jetzt hoffnungsvoll auf mich. Dann marschiert sie durch das Tor, ohne sich noch einmal umzusehen. Sie weiß, dass ich komme, wenn sie mich ruft, und bis jetzt hat sie immer Glück gehabt.

Vor Kurzem beschloss Täubchen (wieder einmal), die Zäune zu ignorieren und die Böcke zu besuchen. Die Jungs kommen normalerweise ganz gut miteinander aus, aber beim Anblick dieser weiblichen Schönheit in ihrer Mitte entbrannte der Konkurrenzkampf. Sie gingen aufeinander los und rammten sich mit den Köpfen. Als ich das Chaos im Pferch der Böcke bemerkte, betrat ich vorsichtig ihre Weide und rief nach Täubchen: „Komm her hier, koooom, koooom ..."

Da Täubchen eigentlich eine gutmütige Ausreißerin ist, kommt sie normalerweise, wenn man sie ruft. Doch diesmal nicht.

Sie bewegte sich zwar auf mich zu, konnte aber nicht erkennen, wohin ich sie bringen wollte. Ich versuchte, sie zum Tor zu locken, und wenn sie es gesehen hätte, wäre sie mit Sicherheit mitgekommen. Doch leider lag das Tor außerhalb ihres Blickfelds. Täubchen folgte mir nur halbherzig und lief jedes Mal in eine andere Richtung, wenn etwas sie ablenkte: ein Grasbüschel, ein Käfer oder eine der Hofkatzen. Schließlich gab ich auf und ließ sie, wo sie war. Beinahe hätte ich ihr noch zugerufen: „Warte nur, bis Papa kommt", aber das hätte Mike nicht gefallen, und auf Täubchen hätte diese Bemerkung keinen Eindruck gemacht.

David und die anderen Psalmdichter sprachen oft über Tore, und sie meinten damit bestimmt kein simples Zaungatter. In biblischer Zeit waren Tore nicht einfach nur Türen oder Eingänge, sie waren fester Bestandteil der Stadtmauer und wurden entschlossen verteidigt. Tagsüber arbeiteten die Menschen außerhalb der Stadtmauern, doch abends kamen sie wieder zurück, um die Nacht innerhalb der Tore in Sicherheit zu verbringen. Neben oder über den Toren standen die Wächter auf den Türmen. An den Stadttoren sprachen auch Boten oder Propheten zum Volk, es wurde Gericht gehalten, und Geschäfte wurden dort abgeschlossen. In der Bibel tauchen Stadttore manchmal auch als Bild für die Stadt selbst auf, wie zum Beispiel in Psalm 87,2-3 (L): „Der Herr liebt die Tore Zions mehr als alle Wohnungen in Jakob. Herrliche Dinge werden in dir gepredigt, du Stadt Gottes."

Die Tore standen symbolisch für all das, was sich innerhalb befand.

Was also befindet sich innerhalb der Tore Gottes? Er selbst. Und wir sind eingeladen, hereinzukommen.

In Psalm 100 heißt es: „Jubelt dem Herrn zu, ihr Völker der Erde! Dient ihm voll Freude, kommt zu ihm mit fröhlichen Liedern! Erkennt, dass der Herr unser Gott ist! Er hat uns zu seinem Volk gemacht, ihm gehören wir! Er sorgt für uns wie ein Hirte für seine Herde. Geht durch die Tempeltore ein mit Dank, betretet den festlichen Vorhof mit lautem Lob! Preist ihn! Rühmt ihn! Denn der Herr ist gut zu uns, seine Gnade hört niemals auf, für alle Zeiten hält er uns die Treue."

So wie Schafe drängen auch wir Menschen durch die Tore hinaus in die Freiheit, weg von allen Einschränkungen. Und wir kommen nicht so gern wieder zurück. Ein befreundeter Schäfer musste seine Tiere mal einzeln auf eine Schubkarre laden, um sie zurückzubringen. Auch Gott ist bereit, bis zum Äußersten zu gehen, um seine verstreute Herde wieder nach Hause zu holen. Er lädt uns nicht nur ein, er bringt uns persönlich zurück. So singt der Psalmdichter: „In auswegloser Lage schrie ich zum Herrn: ‚Hilf mir!' Er holte mich aus der Bedrängnis heraus und schenkte mir Freiheit" (Psalm 118,5).

Ohne Gott bin ich draußen und in Gefahr.

Er öffnet das Tor und holt mich herein.

Wie Täubchen kann ich ihm folgen.

Oder auch nicht.

Die Tore stehen offen, Gott hat die Arme ausgebreitet; er kommt mir entgegen.

„Öffnet mir die Tore des Tempels! Ich will durch sie einziehen und dem Herrn danken. … Hier ist das Tempeltor, der Zugang zum Herrn! Wer Gott die Treue hält, darf hier hereinkommen! Ich danke dir, Herr, denn du hast mich erhört! Du selbst hast mich gerettet."

Psalm 118,19-21

Lieber Herr,
danke für meine Schafe, die sich manchmal
nicht gerade klug verhalten.
Danke, dass du auch mir gezeigt hast, wo ich Fehler mache.
Ich weiß nicht, warum du mich liebst,
genauso wenig, wie ich weiß, warum ich dieses Schaf liebe,
das so viel Unsinn macht.
Aber du liebst mich.
Ich muss es nicht verstehen, um zu wissen, dass es wahr ist.
Lass mich mit Lob und Dank durch deine Tore hineingehen,
auch wenn ich dir weggelaufen bin – gerade dann.
In Jesu Namen, amen.

Ihm nachfolgen

Gott liebt Sie und ruft Sie zu sich. Er hat die Tore weit geöffnet und ruft nach Ihnen – nach jedem von uns –, damit wir zu ihm kommen.

Möchten Sie das?

Verwöhnprogramm für Schafe

Bevor ich die Schafe auf die Weide hinausließ, sah ich nach, ob ich nicht noch etwas trockenes Brot zu Hause hatte. Manche Schafe lieben es mehr als frisches. Sie hatten Glück: In der Schublade befanden sich zwei volle Tüten.

Als ich die Koppel betrat, spitzten zwei der älteren Mutterschafe schon die Ohren beim Rascheln der Tüten. Es war zwar eine Weile her, dass ich ihnen das letzte Mal so etwas Leckeres mitgebracht hatte, doch die beiden hatten es nicht vergessen.

Schneeglöckchen und Amalie stießen schon ihre Nasen gegen meine Hüften und lehnten sich an meine Knie.

„Geduld, Mädels. Eine Minute noch." Gewohnheitsmäßig schloss ich das Tor hinter mir, denn ich wusste: Wenn ich es vergaß, würden sie alle flink wie die Hasen hindurchschlüpfen.

Ich fütterte die beiden mit dem Brot und beobachtete das Verhalten der übrigen Herde. Die meisten Schafe hielten sich zurück und sahen zu, wie die beiden mir gierig aus der Hand fraßen. Vielleicht ein Viertel von ihnen hatte sich umgedreht, als ob sie vor einer Bedrohung davonlaufen wollten. Ich wusste, dass ihre Angst vor mir unbegründet war, aber sie wussten es nicht. Die Herde war noch jung und erlebte gerade etwas, das ihr nicht vertraut war. Ihrer Erfahrung nach kam Getreide aus einem Eimer und Heu aus der Heuraufe. Futter aus der Hand der Schäferin – das war etwas Neues.

Ich sprach beruhigend auf sie ein. Daraufhin entspannten sich die meisten von denen, die am liebsten geflohen wären. Ein paar von ihnen drehten sich sogar ein bisschen in meine Richtung. Ich nickte ihnen zu. „Brave Mädchen. Kommt, ihr könnt auch was haben." Ich erwartete nicht unbedingt eine Reaktion von ihnen, aber es war deutlich zu sehen, dass sie keine Angst mehr hatten. Ihre Augen wurden größer. Jetzt waren sie neugierig.

Ich lächelte.

Ein paar von den wissbegierigen Schafen hatten zugesehen, wie die beiden alten Damen glücklich ihren Imbiss verschlangen. Sie rochen das Brot und kamen einige Schritte näher. Ich langte über den Rücken der beiden und hielt den anderen etwas Brot hin. Sie schnüffelten daran, dann begannen einige zu knabbern, während andere zögerten und lieber noch eine Weile zusehen wollten.

In Ordnung.

Inzwischen hatten sich sieben oder acht Schafe um mich versammelt und hofften auf mehr. Einmal auf den Geschmack gekommen, wollten sie in meiner Nähe bleiben. Ich ging ein Stück weiter, worauf das Meer der wolligen Geschöpfe in Bewegung kam. Alle nahmen jetzt eine neue Position ein. Die Neugierigen erlaubten mir, ihre Fluchtzone zu betreten; sie behielten mich aber im Auge und waren immer noch ein wenig angespannt, nur für den Fall, dass sie doch noch fliehen mussten. Im Augenblick blieben sie zumindest stehen. Die Lämmer – abgesehen von Schwarzkehlchen – hielten Abstand. Ihre Mütter hatten ihnen beigebracht, vor allem davonzulaufen, was ihnen Angst machte – und das galt für so ziemlich alles: ob es eine Jacke war, die auf einem Pfosten hing und im Wind flatterte, oder ein Kojote, der um den Zaun herumschlich. Bei Schafen wie bei Menschen zeigt sich der Einfluss der Eltern bei den Kindern. Schwarzkehlchens Mutter hatte Vertrauen zu uns, seit wir sie im letzten Jahr vor einer Hundeattacke gerettet hatten. Vielleicht hat sie das ihrem Kind erzählt.

Wäre möglich.

Schwarzkehlchen warf den Kopf auf und ab, während sie versuchte, das ungewohnte Futter zu kauen. Dann schnupperte sie an meiner Hand, ob es nicht noch mehr davon gab.

Andere aus der Gruppe arbeiteten sich näher heran zu mir, ihre Rücken eine einzige große Fläche aus Wolle. Sie rangelten um die besten Plätze. Die am dichtesten waren, fraßen sich fast schon durch die Brottüte hindurch, während die am weitesten Entfernten gar nicht an das Futter herankamen. Sie reckten die Hälse, schnupperten und knabberten sogar in der Luft herum, doch sie gingen leer aus. Als ich mich hinüberbeugte, um ihnen Brot zu geben, wichen sie zurück – ihre Furcht war stärker als ihr Hunger. Ich versuchte ihnen ein paar Stücke zuzuwerfen; doch sie brauchten so lange, die Leckereien zu untersuchen, dass andere Schafe sie ihnen schon weggeschnappt hatten, als sie endlich fressen wollten.

Natürlich bringe ich immer genug Brot für alle mit; ich möchte ja, dass jeder etwas abbekommt. Es macht mir Freude, ihnen Leckeres zu spendieren, genauso wie es ihnen Freude macht, es zu bekommen.

Doch meine Absichten können noch so gut sein, ein paar Schafe gehen immer leer aus. Sie können sich einfach nicht überwinden, mir zu vertrauen.

Das macht mich traurig.

Ich versuche sie zu gewinnen. Und ich liebe sie nicht weniger, nur weil sie mir nicht vertrauen. Aber ich wünsche mir so sehr, dass sie sich bei mir sicher fühlen. Eines Tages werden sie ihren Hirten dringend brauchen und mich an sich heranlassen. Dann lernen sie mich endlich kennen.

Ich kann warten.

*„Gott rettet mich, er steht für meine Ehre ein. Er schützt mich wie ein starker Fels, bei ihm bin ich geborgen.
Ihr Menschen, vertraut ihm jederzeit, und schüttet euer Herz bei ihm aus! Gott ist unsere Zuflucht."*
Psalm 62,8-9

*„Liebt den Herrn, alle, die ihr ihm gerne dient!
Wer treu zu ihm hält, steht unter seinem Schutz."*
Psalm 31,24

„Gott sagt: ‚Er liebt mich von ganzem Herzen,
darum will ich ihn retten. Ich werde ihn schützen,
weil er mich kennt und ehrt.'"
Psalm 91,14

Lieber Herr,
ich sage zwar, dass ich an dich glaube,
aber manchmal habe ich Angst.
Ich befürchte: Wenn ich dir ganz vertraue,
wird etwas Schlimmes passieren.
Nimm mir meine Angst.
Ich will nahe zu dir kommen und in deiner Liebe leben.
Hilf mir zu sehen, wie du wirklich bist.
Das bitte ich in Jesu Namen, amen.

Ihm nachfolgen

Denken Sie einmal darüber nach, wie sehr Sie Ihrem Hirten vertrauen. Geht es Ihnen wie den alten Mutterschafen, die sich sicher fühlen? Oder wie den Neugierigen, die sich noch nicht festlegen wollen? Oder wie denen, die die Flucht ergreifen?

Lernen Sie diese Woche Psalm 91,14 auswendig. Machen Sie sich klar, dass Gott hier zu Ihnen spricht und Ihnen ein Versprechen gibt.

Denken Sie darüber nach.

So lernen Sie Gott kennen. Sie können ihm vertrauen.

Von Angesicht zu Angesicht

Die früheste Bindung zu unseren Eltern entsteht dadurch, dass wir ihre Gesichter wiedererkennen. Auch meine Schafe sehen sich die Gesichter der Menschen an, die sich ihnen nähern. Wenn sie den Hirten erkennen, sind sie sichtlich beruhigt, ihre Muskeln entspannen sich, und sie wenden sich wieder dem nächsten verlockenden Grasbüschel zu.

Das beobachte ich täglich, und so überraschte es mich nicht zu hören, dass Wissenschaftler in England Folgendes herausgefunden hatten: Die Fähigkeit, Gesichter zu erkennen – eine Tätigkeit der rechten Gehirnhälfte –, ist bei Schafen fast genauso gut ausgeprägt wie beim Menschen. Ein normales Schaf kann immerhin fünfzig Gesichter von Schafen und zehn von Menschen unterscheiden. Wenn es einmal mit dem Gesicht eines Schafes oder eines Menschen vertraut ist (und kein Schaf sieht wie das andere aus), kann es sich auch zwei Jahre später noch daran erinnern, auch wenn es dieses Schaf oder den Menschen in dieser Zeit nicht gesehen hat.[6]

Eine meiner Lieblingsbeschäftigungen nach einem harten Arbeitstag besteht darin, auf die Weide zu gehen und mich dort hinzusetzen.

Einfach nur dort zu sitzen.

Mein Platz, ein Betonblock, bringt mich auf Augenhöhe mit den Schafen. Sie mögen das, vielleicht weil sie wissen, dass ich sie aus dieser Position heraus nicht einfangen oder ihnen sonst etwas „Gemeines" antun kann. Die meisten Schafe inspizieren mich nur kurz, beachten mich dann nicht mehr und gehen irgendeiner Beschäftigung nach. Ein paar wenige aber möchten Zeit mit mir verbringen. Sie kommen her, beschnuppern mich, als sei ich ein Lamm, und stellen Augenkontakt her.

Farah, die Zutraulichste, wartet nur darauf, dass ich ihr die Brust oder das Kinn kraule. Sie genießt das sichtlich mit halbgeschlossenen Augenlidern. Wenn ich lange genug weitermache, entspannt sie sich so sehr, wie ein Schaf sich in aufrechter Lage entspannen kann: indem sie ihr Gewicht ganz in die Beine sacken lässt.

Diese gemeinsame Zeit mit ihr ist sehr kostbar für mich. Ich kann zwar nicht ihre Gedanken lesen, aber ich vermute, dass es für sie genauso schön ist wie für mich. In diesen stillen Augenblicken vertiefen wir unsere Freundschaft.

Wie die Schafe, so lernen auch wir das Angesicht Gottes kennen, wenn wir Zeit mit ihm verbringen. Immer öfter beginne ich meine tägliche Stille mit Gott, indem ich innehalte, mich hinsetze oder -knie und leise sage: „Hier bin ich." Dann folgt Stille. Wenn ich so ganz ruhig bin vor Gott, geschieht etwas: Meine Hektik legt sich, alle Anstrengung hört auf. Ich stelle mir vor, dass Gott das genießt; mir jedenfalls geht es so.

Farah sucht die Gemeinschaft mit mir. Wahrscheinlich haben Sie keine Schafe, aber vielleicht einen Hund, der zu Ihnen läuft, sich zu Ihren Füßen hinlegt und einfach zufrieden ist in Ihrer Nähe. So ist es auch, wenn wir Zeit mit Gott verbringen. Wir leben, wir sind und wir wohnen in seiner Gegenwart.

Hier bin ich. Der hebräische Ausdruck dafür lautet *Henani*, und er wurde oft von Männern Gottes gebraucht, wenn sie Gott antworteten. Jüdische Gelehrte meinen, dass Adam diesen Ausdruck zuerst benutzt hat – ihrer Meinung nach waren es sogar die ersten Worte, die je gesprochen wurden. Abraham, Jakob, Mose und Samuel – sie alle antworteten mit „Hier bin ich", als Gott zu ihnen sprach.

David bat Gott: „Wende dein Angesicht mir, deinem Diener, freundlich zu!" (Psalm 31,17 NGÜ). Über David sagte Gott, er sei ein Mann, der ihm Freude machte.[7] David kannte die Liebe Gottes. Immer wieder suchte er Gottes Angesicht. Er flehte ihn an, sich nicht von ihm abzuwenden und sein Angesicht nicht vor ihm zu verbergen.

Unsere Sehnsucht nach Gottes Nähe ist gering im Vergleich zu

Gottes Sehnsucht nach uns. Wir können uns kaum vorstellen, wie sehr er uns liebt. Doch wenn ich über meine Gefühle für Farah nachdenke, kann ich mir ausmalen, dass es wirklich so ist. Wir kleinen Geschöpfe auf diesem riesigen Erdkreis können im Handumdrehen mit dem Schöpfer dieser Welt Gemeinschaft haben und sein Angesicht suchen.

„Mit eigenen Augen werde ich dich schauen dürfen.
Satt sehen will ich mich an dir, wenn ich erwache."
Psalm 17,15

„Fragt nach dem Herrn und nach seiner Stärke,
kommt immer wieder vor sein Angesicht,
sucht seine Nähe!"
Psalm 105,4 NGÜ

Herr,
so oft suche ich nicht dich, sondern anderes.
Wenn ich die Wahl habe,
finde ich andere Möglichkeiten, meine Zeit zu verbringen.
Ich ignoriere dich nicht absichtlich,
aber ich lasse mich leicht ablenken.
Wenn ich mir dann endlich Zeit für dich nehme,
dann bin ich oft schon müde.
Dabei finde ich am ehesten zu mir selbst,
wenn meine Beziehung zu dir stimmt.

Gib mich nicht auf.
Verbirg dein Angesicht nicht vor mir.
Hier bin ich.
Amen.

Ihm nachfolgen

Zeit mit Gott zu verbringen, muss nicht schwierig sein. Das Gebet und die Zeit der Stille – sie sind entweder eine Hilfe für uns oder sie bereiten uns ein schlechtes Gewissen, weil wir sie versäumt haben. Versuchen Sie, jeden Tag eine Zeit lang still zu sein. Stellen Sie sich vor, dass Sie sich in Gottes Gegenwart befinden. Denn das sind Sie dann auch.

Lammgeflüster

Jedes Jahr, wenn Eis und Schnee den Boden bedecken oder wenn sie sich mit der Erde zu Matsch vermischen, darf ich hören, wie meine Schafe mit ihren Lämmern sprechen. Die meiste Zeit des Jahres klingen die Mutterschafe eher wie ein kleines Nebelhorn: „Määäääh." Recht typisch.

Doch ich meine nicht das Blöken, das wir alle schon von Kind auf mit Schafen in Verbindung bringen. Die Stimme eines Mutterschafes, das gerade ein Lamm geboren hat, ist etwas ganz anderes. Man könnte es als eine Art Flüstern bezeichnen. Die Mutterschafe murmeln leise mit ihren Lämmern, *„mr-er-er-er"*, während sie deren nasse Wolle trockenlecken. Jede Mutter hört sich ein klein wenig anders an, aber immer klingt es einfach bezaubernd. Innerhalb von ein paar Stunden beginnen die Lämmer (oft sind es Zwillinge), ihren Müttern zu antworten.

Die Mutter spricht.

Die Kinder antworten.

Während der ersten Lebenstage sprechen die Mutterschafe immer wieder und ganz geduldig mit ihren Lämmern.

Nachdem sie sich im kleinen Lammpferch ein paar Tage lang kennengelernt haben, lassen wir mehrere Mütter mit ihren Kleinen gemeinsam in einen größeren Pferch. Das ist die erste Bewährungsprobe für die Lämmer. Die Mütter rufen sie, und sie müssen ihre eigene Mutter finden. Das kann gute oder auch unangenehme Folgen haben. Wenn ein Lamm sich einem Schaf nähert, das nicht seine Mutter ist, wird es weggeschubst, meistens sanft, manchmal aber auch grob. Wenn die Lämmer ihre eigene Mutter gefunden haben, werden sie mit warmer Milch und noch mehr liebevollen Worten belohnt. Wir bleiben in der Nähe und vergewissern uns, dass die Lämmer die Regeln begreifen. Mutterschafe, die allzu grob werden, sondern wir aus.

Wenn die Lämmer nach ein paar Tagen die Stimme ihrer Mutter kennen und kommen, sobald sie gerufen werden, dürfen Mütter und Kinder endlich auf die große Koppel. Immer noch behalten wir die Gruppe im Auge und sorgen dafür, dass die jeweilige Familie in Hörweite voneinander bleibt. Manche Lämmer verlaufen sich immer wieder, müssen eingefangen und zu ihrer Mutter zurückgebracht werden. Die meisten aber haben die einzigartige Stimme ihrer Mutter im Ohr und nehmen den übrigen Lärm auf der Koppel gar nicht mehr wahr.

Wir beobachten auch, ob die Mütter auf die Stimmen ihrer Lämmer achten. Wie alle Kinder – egal ob Tier oder Mensch – fangen Lämmer an zu schreien, wenn sie sich verlaufen haben. Doch inzwischen kennen die Mutterschafe die Stimmen ihrer Kleinen und antworten ihnen. Manche rufen nur kurz, andere immer wieder und so eindringlich, dass die verlorenen Lämmer das Signal orten und zurückfinden können.

Die besten Mütter setzen nicht nur ihre Stimme ein, sondern schreiten auch zur Tat. Wenn das Lamm seine Mutter nicht innerhalb eines bestimmten Zeitraumes findet (je älter das Lamm, desto länger darf es dauern), macht die Mutter sich auf die Suche und ruft dabei immer den Namen ihres Kindes. Was für eine Freude, wenn sie dann wieder vereint sind! Das Lamm wedelt mit dem Schwanz, und die Mutter beschnuppert erleichtert ihr Kind und vergewissert sich, dass es ihr eigenes ist.

Gott spricht zu uns mit leiser, ruhiger Stimme und ruft uns zu sich. Wie die Lämmer können auch wir seine Stimme erkennen, wenn wir ihm zuhören. Wie meine liebevollsten Mutterschafe ruft er uns, seine Kinder, und kommt uns entgegen. Und mehr noch: Selbst wenn wir ihn nicht beachten und unsere eigenen Wege gehen, sucht er uns.

Er liebt uns mit einer Liebe, die anders und tiefer ist als jede Liebe, die wir uns vorstellen können. Selbst hier auf der Erde lässt er sie uns erfahren. Hier, auf unserer schmutzigen Koppel, gibt es Liebe im Überfluss.

„Höre, mein Volk, auf meine Weisungen;
gib Acht auf das, was ich dir sage!"
Psalm 78,1

„Da! Ich höre eine Stimme, die mir bisher unbekannt war."
Psalm 81,6

„Heimatlos irre ich umher wie ein Schaf, das seine Herde verloren hat.
Suche doch nach mir, denn ich gehöre noch immer zu dir!
Ich habe nicht vergessen, was du befohlen hast."
Psalm 119,176

Lieber Gott,
selbst die „kleine" Liebe, die wir hier
auf der Erde erfahren, ist so schön.
Wie kann ich deine vollkommene Liebe zu mir nur erfassen?
Es ist schwer zu glauben, dass du tatsächlich mit mir sprichst.
Oder mich nahe bei dir haben möchtest.
Hilf mir zu glauben, dass es wahr ist.
Hilf mir, dass ich lerne, dich zu hören und dir zuzuhören,
deine Stimme im Chaos meines Alltags zu erkennen.
In Jesu Namen, amen.

Ihm nachfolgen

Wenn Sie in dieser Woche die Bibel lesen, achten Sie besonders darauf, wie Gott dort zu den Menschen spricht. Psalm 50,7-15 ist ein guter Ausgangspunkt. Ebenso Psalm 81. Wie klingt es dort, wenn Gott zufrieden ist, enttäuscht oder zornig?

Denken Sie an einen Augenblick, in dem Sie sich dazu „gedrängt" fühlten, etwas Bestimmtes zu tun – einen Freund oder eine Freundin anzurufen, einem Fremden ein Lächeln zu schenken, eine Mut machende SMS zu verschicken. Könnte es sein, dass Gott da zu Ihnen gesprochen hat, und zwar ohne Worte?

Seien Sie aufmerksam, schenken Sie Gott Gehör und bitten Sie ihn, Sie zu leiten.

David kannte Gottes Stimme. Auch Sie können lernen, sie wahrzunehmen.

Immer für die Schafe da

Unter den Augen des Hirten gedeiht das Lamm.
Verfasser unbekannt

Wir wollen uns eine Überwachungskamera für den Stall anschaffen. Seit vielen Jahren stellen wir während der Zeit des Lammens unseren Wecker jede Nacht alle zwei Stunden. Abwechselnd stehen wir auf, ziehen uns an, schlüpfen in die Stiefel und waten durch Schnee, Eis oder Matsch, um nach den Mutterschafen zu sehen.

Meine Freunde fragen mich, warum ich mir das alles antue. Die Antwort ist ganz einfach: Es muss getan werden.

Trächtige Mutterschafe lassen oft an bestimmten Anzeichen erkennen, dass die Geburt bevorsteht. Aber ich habe gelernt, mich nicht darauf zu verlassen. Wenn ich den Eindruck habe, dass ein bestimmtes Schaf kurz vor der Niederkunft steht, bringe ich es die Nacht über in einen Lammpferch. Das entbindet mich allerdings nicht von der Pflicht, für die Sicherheit von Mutter und Kindern zu sorgen. Wenn die Wehen länger als eine Stunde dauern, muss das Mutterschaf untersucht werden, um herauszufinden, wie das Lamm liegt. Ob zum Beispiel nur ein Bein nach vorne zeigt oder ob es sich um Zwillinge handelt, die ineinander verkeilt sind. Es gibt viele Möglichkeiten. Wenn der Schäfer nicht aufpasst und eingreift, können Mutter und Kinder sterben.

Warum stehen wir also nachts alle zwei Stunden auf? Weil es in Illinois zur Zeit des Lammens sehr kalt sein kann. In den kältesten Jahren zeigte das Thermometer 32 Grad unter null an. Dabei fror regelmäßig die Nabelschnur im Winkel von 45 Grad fest, so wie sie war, als das Lamm auf dem Boden ankam. Wird ein Lamm direkt nach unserer zweistündigen Kontrolle geboren, könnte es vor unserem nächsten Besuch schon steifgefroren sein.

So etwas kommt öfter vor, als man denkt.

Manche Mutterschafe sind scheu. Wenn sie vom Schäfer während der Geburt gestört werden, hören die Wehen für kurze Zeit auf. Dann sieht alles ganz normal aus, während wir uns im Schein der Taschenlampe umsehen, und bei der nächsten Kontrolle finden wir trotzdem ein oder zwei unterkühlte Lämmer im Stall. Neugeborene Lämmer sind ganz nass. Manchmal finde ich sie zwar auf den Beinen vor, aber mit einer dünnen Eisschicht überzogen, die wie eine Eierschale knackt, sobald ich das kleine Tier hochhebe. Wenn sie beim Auffinden noch leben, kommen sie in der Regel auch durch. Der Abstand von zwei Stunden muss also sein – auch wenn ich in der Zeit des Lammens so erschöpft bin wie eine Mutter mit einem kleinen Säugling.

Die Geburten der Lämmer erfordern besondere Aufmerksamkeit. Doch Schafe jeden Alters und in jeder Situation profitieren davon, dass der Hirte ein Auge auf sie hat. Lämmer berühren den Elektrozaun, geraten durch den Stromschlag in Panik und verfangen sich. Mutterschafe „liegen fest" oder bleiben mit dem Kopf in einem Eimer stecken. (Das ist nicht witzig, obwohl es natürlich auf den ersten Blick lustig aussieht.) Das Schaf blökt verzweifelt, und seine Stimme echot im Eimer; es rennt ziellos herum und sieht nicht, wohin es läuft. Wenn man es nicht bald einfängt, bricht es vielleicht durch den Zaun und rennt in die Berge – oder auf die Straße. Ich gebe gern zu, dass ich auch lachen muss, wenn ich ihnen nachlaufe, um sie zu retten. Aber ich versuche, keine leeren Eimer herumstehen zu lassen.

Dann sind da noch die Raubtiere. In unserer Gegend wimmelt es von Kojoten. Manchmal versuche ich, ihre Stimmen zu zählen, wenn sie nachts heulen oder nach erfolgreicher Jagd kichern. Allerdings gelingt mir das nicht. Ich weiß nur, dass es sehr viele sind. Sie sind außerdem frech: Während der Zeit des Lammens, wenn Blutgeruch in der Luft liegt, nähern sie sich dem Zaun bis auf einen halben Meter. Annie und Cooper, unsere beiden Pyrenäenberghunde, sichern das Überleben unserer Herde, indem sie die ganze Nacht auf dem Gelände Patrouille laufen.

Zur Zeit Davids lebte der Hirte 24 Stunden am Tag mit seiner Herde zusammen. Heute kann niemand von der Schafzucht allein leben. Jeder Schäfer, den ich kenne, geht noch einem weiteren Beruf nach. Auch Mike und ich arbeiten zusätzlich außerhalb der Farm. Ich muss mich also, was die Sicherheit der Schafe angeht, auf die Hunde und die Zäune verlassen.

Für Davids Schafe aber war *er* der Garant für ihre Sicherheit. Zäune gab es nicht. Nur die Anwesenheit des Hirten und sein wachsamer Blick schützten die Herde. Allen, die seinen Schafen Schaden zufügen wollten, musste er mit seinem Mut und seiner Muskelkraft entgegentreten. Wenn er die Tiere nachts in einen Pferch brachte – eine meist unvollständige Umfriedung aus Steinen oder Hecken –, dann schlief er im Eingang. Im Grunde genommen war er selbst die Tür, die all die vielen Gefahren der Außenwelt von den Schafen fernhielt.

Ich selbst kann meine Schafe nicht jeden Tag 24 Stunden lang überwachen. Die Kamera wird mir dabei helfen. Jedes Jahr verliere ich ein paar Mutterschafe oder Lämmer, weil ich ihnen nicht diese ununterbrochene Fürsorge zukommen lassen kann, die sie brauchen.

Wie die meisten Leute heutzutage denke auch ich gern von mir, dass ich unabhängig und selbstständig bin. Als Teenager konnte ich es kaum erwarten, endlich erwachsen zu werden und für mich selbst verantwortlich zu sein. Ich gebe nicht gern zu, dass meine Unabhängigkeit überwiegend eine Illusion ist. Es können unerwartete Dinge geschehen – Krankheiten oder Unfälle. Manchmal gerate ich durch meine eigenen Fehler in Schwierigkeiten, renne ziellos herum und höre nur das Echo meiner eigenen Hilferufe.

Oft bin ich hilflos.

Gott sei Dank kümmert sich Gott um mich.

Doch verstehen Sie mich bitte nicht falsch: Ich kann und soll alles tun, damit ich verantwortungsvoll leben kann. Dass jemand für mich sorgt, ist keine Ausrede für Faulheit, Egoismus oder Dummheit. Ich stelle nur fest, dass ich vieles, was geschieht, nicht beeinflussen kann. Deshalb brauche ich einen Hirten, der auf mich aufpasst.

Schafe haben beständige Fürsorge nötig. Das gilt auch für mich.

Gott sieht mich.

Er passt auf.

„Du, Herr, bist bei mir."
Psalm 23,4

„Gott sieht mit Freude auf solche Menschen
und wird ihre Gebete erhören."
Psalm 34,16

„Er, dein Beschützer, schläft nicht.
Ja, der Beschützer Israels schläft und schlummert nicht.
Der Herr gibt auf dich Acht; er steht dir zur Seite
und bietet dir Schutz vor drohenden Gefahren.
Tagsüber wird dich die Sonnenglut nicht verbrennen,
und in der Nacht wird der Mond dir nicht schaden.
Der Herr schützt dich vor allem Unheil, er bewahrt dein Leben.
Er gibt auf dich Acht, wenn du aus dem Hause gehst
und wenn du wieder heimkehrst.
Jetzt und für immer steht er dir bei!"
Psalm 121,3-8

Himmlischer Vater,
befreie mich von der Illusion, alles im Griff zu haben.
Danke, dass du auf mich aufpasst.
Danke für deine beständige Fürsorge.
Wenn ich mich einsam fühle und Angst habe, dann lass mich gewiss sein, dass du mich liebst.
In Jesu Namen, amen.

Ihm nachfolgen

Bitten Sie Gott, dass er Ihnen in dieser Woche zeigt, wie er für Sie sorgt. Wenn Sie möchten, schreiben Sie es auf. Zum Beispiel die sichere Heimfahrt von der Arbeit, die gute Landung des Flugzeugs, der ruhige Schlaf in der Nacht. Wenn vieles auseinanderzubrechen droht und schiefläuft, bitten Sie Gott, Ihnen einen Bereich zu zeigen, in dem er für Sie sorgt.

Warten Sie auf seine Antwort.

Ein großes Missverständnis

Rudi hatte Probleme. Sie lammte das erste Mal, und es ging einfach nicht vorwärts. Ihr schneller Atem stieg wie kleine Nebelwolken in die kalte Luft. Sie wusste nicht, was mit ihr geschah – anders als die älteren Mutterschafe, die vorher schon gelammt hatten. Dazu kam, dass sie schon viel zu lange gepresst hatte, als ich sie fand. Das Weiße ihrer Augen war zu sehen – ein Zeichen von Furcht.

Sie tat mir leid. Verwirrt und erschöpft kämpfte sie sich auf die Beine und rannte weg, als ich mich näherte.

„Komm, mein Schaf", rief ich sanft. Doch sie wollte nicht.

Schließlich fing ich sie mit meinem Hirtenstab. Sie wehrte sich, doch darauf war ich gefasst. Ich drehte ihren Kopf nach hinten in Richtung Schulter, sodass sie das Gleichgewicht verlor und sich gegen meine Beine lehnen musste. So bringt man ein Schaf zum Liegen, ohne es zu verletzen. Rasch kniete ich mich hin und legte mein Bein über ihren wolligen Rücken, um sie festzuhalten. Sie schimpfte und wehrte sich, während ich die ungeborenen Lämmer entwirrte und sie heraus aufs Stroh gleiten ließ. Die kleinen Körper dampften, und das Mutterschaf beugte sich über die beiden, um sie zu säubern und damit als ihre Kinder anzunehmen.

Sind wir nicht auch manchmal wie so ein ängstliches Schaf? Rudi brauchte Hilfe und wäre ohne sie gestorben. Trotzdem rannte sie vor der Person weg, die sie retten konnte. Ich wollte nur das Beste für sie, doch sie schätzte meine Hilfe nicht. Sie hasste den Haken, der sich um ihren Hals legte. Sie verstand auch nicht, warum ich ihren Kopf zur Seite bog und sie aus dem Gleichgewicht brachte. Als sie aufstehen wollte, drückte ich mein Knie in ihre Seite und verhinderte ihre verzweifelten Anstrengungen. Ich war ihre einzige

Hoffnung, doch sie wusste nicht, was in meinem Herzen vor sich ging. Sie konnte ja nicht wissen, dass ich sie liebe und alles in meiner Macht Stehende tun würde, um sie zu retten.

Wie Rudi blicken auch wir oft auf die Situation und schreien vor Angst. Wir verstehen nicht, was mit uns geschieht. Wir bitten Gott um Hilfe, doch alles scheint nur noch schlimmer zu werden. Unsere Rezepte, mit denen wir sonst alles lösen, funktionieren nicht. Wir verlieren das Gleichgewicht und fallen hin. Dann schreien wir vor Angst, und neuer Schmerz packt uns. Wer wird uns helfen?, so fragen wir uns, während der Retter uns doch in diesem Moment festhält und etwas tut, was gut für uns ist.

War ich wütend auf mein kleines Schaf, weil es sich gegen mich wehrte?

Niemals.

Wenn Rudi mir vertraut hätte, wäre es natürlich viel leichter gewesen, ihr zu helfen. Alles, was ich fühlte, waren Liebe und Sorge. Jesus möchte, dass wir ihm vertrauen. Er ist der gute Hirte und verdient unser Vertrauen viel mehr als jeder menschliche Hirte.

Immer können wir sicher sein, dass er uns liebt.

„Wie ein Vater seine Kinder liebt,
so liebt der Herr alle, die ihn ehren.
Denn er weiß, wie vergänglich wir sind;
er vergisst nicht, dass wir nur Staub sind."
Psalm 103,13-14

Himmlischer Vater,
hilf uns, dir und deinem Wirken
in unserem Leben zu vertrauen.
Danke, dass du immer für uns da bist,
wenn wir in Schwierigkeiten sind.
Amen.

Ihm nachfolgen

Es ist gut, wenn wir versuchen, viel über Gott zu erfahren. Doch seine Güte hängt nicht davon ab, ob wir die Situation richtig einschätzen. Gott ist viel größer als unser Verstand. Meine Schafe müssen mich nicht begreifen, um mir vertrauen zu können.

Sagen Sie Gott, dass Sie ihm vertrauen.

Denken Sie über seine Antwort nach.

Von Arbeit und Ruhe

Vom Küchenfenster aus beobachte ich den Tagesrhythmus der Schafe.

Die Weiden sind tiefgrün. Die Sonne scheint warm, aber nicht heiß. Die Schafe leben in einem unaufhörlichen Zyklus von Arbeit und Ruhe, Arbeit und Ruhe. Sie grasen, wobei sie die Halme mit den unteren Schneidezähnen und dem Zahnfleisch des Oberkiefers packen. Weil sie diese einzigartige Zahn-auf-Zahnfleisch-Methode anwenden, quietscht es immer ein bisschen, wenn sie das Gras abrupfen. Grasen ist für sie nicht sehr anstrengend. Eigentlich stehen sie nur herum und fressen. Trotzdem kehren sie wie auf ein unhörbares Signal hin nach einer Weile in den Schatten des Stalles zurück und suchen sich einen Liegeplatz aus.

An einem so schönen und sonnigen Tag dösen sie vor sich hin, die Augenlider fast geschlossen. Nach ungefähr einer Stunde beenden sie ihre Ruhephase, stehen auf und gehen wieder zur Weide zurück.

Arbeiten und ruhen.

Arbeiten und ruhen.

Anscheinend haben sie da etwas Wichtiges herausgefunden.

Wie so viele Leute habe auch ich ein viel zu ausgefülltes Leben. Ich bin *so* beschäftigt. Manchmal bin ich geradezu stolz darauf, als ob es mich wichtig oder unersetzlich macht, dass ich überall mitmische. Doch was kommt bei so viel Aktivität Sinnvolles heraus? Ich habe kaum die Zeit, darüber nachzudenken. Hektisch versuche ich, am Ball zu bleiben, alles erledigt zu bekommen. Doch obwohl ich so viel arbeite, bin ich am Ende frustriert darüber, dass ich vieles nicht geschafft habe.

Damit bin ich nicht allein. In unserer Kultur wird es sehr hoch geschätzt, wenn jemand viel zu tun hat. „Wenn du möchtest, dass etwas erledigt wird, dann bitte jemanden, der sehr beschäftigt ist."[8] Wir verplanen unsere Tage, Stunden und Minuten und verausgaben uns bis zur Erschöpfung.

Meine Schafe tun das nicht.

Zugegebenermaßen haben sie nicht viele Termine im Kalender stehen. Wenn sie eine To-do-Liste finden würden, dann würden sie sie wahrscheinlich auffressen. Doch sie wissen, wie man sich ausruht. Und das tun sie auch.

Gott will nicht, dass wir ständig in einem hektischen Tempo leben. Er weiß, dass wir Ruhe nötig haben. Er hat uns als Wesen geschaffen, die Schlaf brauchen; darum hat er auch den Sabbat uns zugute eingerichtet. Salomo, der sehr weise war, sagte: „Ihr steht frühmorgens auf und gönnt euch erst spät am Abend Ruhe, um das sauer verdiente Brot zu essen. Doch ohne Gottes Segen ist alles umsonst! Denn Gott gibt denen, die ihn lieben, alles Nötige im Schlaf!" (Psalm 127,2)

Wenn wir uns ausruhen, regenerieren wir uns. David wusste das genau. Denn der Herr, sein Hirte, ließ ihn auf saftigen Wiesen ausruhen und schenkte ihm neue Kraft. Lesen Sie Psalm 23 doch einmal mit ganz neuen Augen:

„Der Herr ist mein Hirte. Nichts wird mir fehlen. Er weidet mich auf saftigen Wiesen und führt mich zu frischen Quellen. Er gibt mir neue Kraft. Er leitet mich auf sicheren Wegen, weil er der gute Hirte ist. Und geht es auch durch dunkle Täler, fürchte ich mich nicht, denn du, Herr, bist bei mir. Du beschützt mich mit deinem Hirtenstab. Du lädst mich ein und deckst mir den Tisch vor den Augen meiner Feinde. Du begrüßt mich wie ein Hausherr seinen Gast und gibst mir mehr als genug. Deine Güte und Liebe werden mich begleiten mein Leben lang; in deinem Haus darf ich für immer bleiben."

Der Gedanke, uns ausruhen zu dürfen, gefällt uns. Allerdings setzen wir ihn kaum in die Tat um. Wir fühlen uns zu so vielem verpflichtet und haben keine Zeit zu verlieren. Wir erledigen zahlreiche Dinge gleichzeitig und sind stolz darauf. In Gedanken sind wir schon beim nächsten Punkt auf unserer Liste, obwohl wir mit dem letzten noch gar nicht fertig sind.

Stopp. Erst einmal innehalten.

Gott hat eine wichtige Botschaft für uns. Und damit wir sie auch wirklich begreifen, wiederholt er sie immer wieder: „Seid stille und erkennet, dass ich Gott bin“ (Psalm 46,11 L); „redet in eurem Herzen auf eurem Lager und seid stille“ (Psalm 4,5 L); „sei stille dem Herrn und warte auf ihn“ (Psalm 37,7 L). Man könnte noch viele andere Stellen anführen.

Wenn wir still sind, können wir Gott am besten kennenlernen. Vor ihm still zu sein, auf ihn zu achten, wenn wir vor ihm sitzen – das ist es, was Gott will, wozu er uns auffordert. Er möchte unsere Aufmerksamkeit.

Warum?, frage ich mich.

Welchen Zweck könnte das haben? Warum verlangt Gott das von uns?

Unterschwellig befürchte ich manchmal, Gott will meine Aufmerksamkeit, damit er mir sagen kann, was ich tun soll. Und eigentlich möchte ich das nicht so gerne, denn ich habe ja ohnehin schon genug zu tun. Mehr geht nicht.

Doch vielleicht ist es ja auch ganz anders.

Vielleicht will Gott nicht deshalb unsere Aufmerksamkeit, damit er uns zu irgendetwas auffordern kann.

Vielleicht will er einfach nur unsere Aufmerksamkeit.

Meine Schafe leben in einem gesunden Gleichgewicht von Arbeit und Ruhe.

Das kann ich auch.

„Seid stille und erkennet, dass ich Gott bin!
Ich will der Höchste sein unter den Heiden, der Höchste auf Erden.“
Psalm 46,11 L

„Nun sage ich mir: ‚Werde wieder ruhig!
Der Herr hat dir Gutes erwiesen!'"
Psalm 116,7

„Nur bei Gott komme ich zur Ruhe; er allein gibt mir Hoffnung."
Psalm 62,6

Himmlischer Vater,
hilf mir, mein Tempo zu drosseln.
Lehre mich, in deiner Gegenwart zur Ruhe zu kommen.
Die Stille auszuhalten.
Das fällt mir schwer –
schwerer sogar als irgendeine anstrengende Aufgabe.
Ich möchte dich besser kennenlernen.
Zeig mir bitte, wie das geht.
In Jesu Namen, amen.

Ihm nachfolgen

Probieren Sie diese Woche Ruhezeiten aus. Machen Sie einen kleinen Mittagsschlaf. Setzen Sie sich gemütlich aufs Sofa. Gehen Sie eine Stunde früher zu Bett. Finden Sie heraus, wie es ist, wenn Sie einen ganzen Tag nicht arbeiten. Nehmen Sie sich jeden Tag Zeit, vor Gott still zu sein. Machen Sie es sich dabei bequem und werden Sie ruhig. Wenn es Ihnen hilft, können Sie sich auch eine kleine

Stoppuhr stellen – fünf Minuten, das wäre schon ein guter Anfang. Am Ende der Woche möchten Sie die Zeit vielleicht verlängern.

Seien Sie aufmerksam.

Achten Sie auf Ihn.

Entspannen Sie sich.

Die Kunst des Wiederkäuens

Schafe tun etwas ganz Erstaunliches: Sie käuen wieder. Was das bedeutet? Sie kauen ihre Nahrung mehrmals.

Doch warum ist das eine so wichtige Feststellung?

Lassen Sie es mich erklären, und sie werden verstehen, worauf ich hinauswill.

Ein Schaf ist ein Geschöpf mit mehreren Mägen (genau genommen sind es vier). Der erste ist der Pansen. In ihm wird all das Gras, Heu oder Getreide gesammelt, das die Schafe als Letztes gefressen haben. Schafe nutzen jede Gelegenheit zum Grasen. Wenn sie auf eine gute Weide gebracht werden, reißen sie das Gras in großen Büscheln ab. Sie nehmen sich nicht die Zeit, es gründlich zu kauen. Sie schlucken die erste Portion hinunter und holen sich sofort die nächste. Wenn die Lämmer sie rufen, antworten die Mutterschafe ihnen, unterbrechen das Grasen dabei aber nicht. Darum klingen sie wie ein Kind, das mit vollem Mund spricht.

Gut ernährte Schafe mögen recht entspannt aussehen, während sie grasen, doch der Schein trügt: Weil sie den Raubtieren schutzlos ausgeliefert sind, schlingen sie ihre Nahrung in einem Rutsch hinunter. Wenn wir wie Schafe essen würden, dann würden wir unsere Mahlzeit mit der Gabel in den Mund hineinschaufeln und sie sofort hinunterschlucken, ohne sie zu kauen. Wenn reichlich Nahrung vorhanden ist, geben Schafe sich die größte Mühe, möglichst viel davon zu bekommen.

Sobald sie ihren Hunger gestillt haben, ziehen sie sich von der Weide auf die Koppel zurück, wo sie sich sicherer fühlen. Jetzt erst ruhen sie sich aus. Wenn sie keine Bedrohung verspüren, würgen sie das im Pansen gesammelte Gras mit einem kleinen Rülpser oder

Husten wieder hoch ins Maul. Dann kauen sie zufrieden ihr Futter, das sie vorher gefressen haben.

Schafe, die entspannt daliegen und wiederkäuen – das war in biblischer Zeit ein sehr vertrauter Anblick. Wiederkäuende Schafe sahen wohl irgendwie nachdenklich aus, wie sie so dalagen, mit malmenden Kinnbacken und halbgeschlossenen Augenlidern. So kam es wohl, dass der hebräische Begriff für „wiederkäuen" zugleich auch „nachdenken, meditieren, grübeln" bedeutet.

David wuchs in einer solchen Umgebung mit wiederkäuenden Schafen auf. Wenn er über Gott nachdachte, merkte er, dass dies seinen Verstand bei Weitem überstieg. Doch als Hirte hatte er ja viel Zeit nachzudenken, die Gedanken in seinem Kopf kreisen zu lassen. Er schrieb Gedichte und sang Lieder über die Wunder Gottes.

Ich denke zurück an die früheren Tage, sinne nach über all dein Tun; meine Gedanken richten sich auf das, was deine Hände geschaffen haben. Ich strecke meine Hände zu dir aus, meine Seele dürstet nach dir wie dürres Land nach Wasser. (Psalm 143,5-6 NGÜ)

David brachte in seinen Psalmen gerne Pausen zum Nachdenken unter, denn er hatte erkannt, wie reich und kompliziert die dort geäußerten Gedanken waren. Damit es für die Zuhörer nicht zu schnell ging, bat er sie um eine Pause, in der sie über das Gehörte nachdenken konnten. Vielleicht gab es sogar ein musikalisches Zwischenspiel. Was in den Psalmen an tiefgründigen Gedanken zum Ausdruck kam, sollte nicht schnell und gedankenlos hinuntergeschluckt werden. Die Pausen kennzeichnete David mit dem Wörtchen „Sela". So konnten seine Zuhörer zu noch tieferen Erkenntnissen gelangen.

In unsere hektische Welt scheint eine solche Nachdenklichkeit nicht hineinzupassen. Das hohe Tempo meines anderen Berufs, gefüllt mit Technologie und Anspannung, legt sich, sobald ich durch das Weidetor gehe. Die Schriftstellerin Madeleine L'Engle hätte es vielleicht so ausgedrückt: Ich verlasse *chronos* (die von der Uhr bestimmte Zeit dieser Welt) und trete in *kairos* ein (die Zeitlosigkeit

Gottes), wenn ich zu meinen Schafen gehe. Hirte sein, sich um die Herde kümmern, schenkt Zeit zum Nachdenken.

Vielleicht treten Sie in diesen zeitlosen Zustand ein, wenn Sie angeln gehen, stricken oder joggen. Sie müssen keine Herde von wuscheligen Geschöpfen im Hinterhof haben, um Zeit zum Meditieren zu finden. Sie brauchen nur allein und still zu sein. Meine Schafe haben mir beigebracht, wie wichtig es ist, etwas nicht nur in sich aufzunehmen, sondern auch später noch über das nachzudenken, was ich in der Sonntagspredigt gehört oder in einem herausfordernden christlichen Buch gelesen habe. Ich gestatte mir, langsam und in aller Ruhe darüber nachzudenken, was diese Wahrheiten bedeuten und inwiefern sie für mich in meiner jetzigen Situation gelten.

In unserer schnelllebigen Fastfood- und Mikrowellenwelt, in der alle wichtigen Informationen scheinbar nur einen Mausklick entfernt sind, müssen wir die Entschleunigung wieder ganz neu lernen. Gott und seine Wege kennenzulernen, geht nicht auf die schnelle Art.

Käuen Sie also wieder.

Nehmen Sie alles in sich auf, was Gott Ihnen schenken will.

Und denken Sie daran: Es braucht Zeit.

Sela.

„Glücklich ist, wer Freude hat am Gesetz des Herrn
und darüber nachdenkt – Tag und Nacht."
Psalm 1,2

„Dein Wort ist meine Lieblingsspeise,
es ist süßer als der beste Honig.
Dein Gesetz macht mich klug und einsichtig."
Psalm 119,103-104

Himmlischer Vater,
hilf mir, dein Wort zu lesen, denn es ist so kostbar.
Ruf es mir immer wieder ins Gedächtnis.
Wenn ich über dein Wort nachdenke,
dann erfülle mich mit deiner Weisheit.
Auch wenn ich es nicht verstehe,
lass mich die Früchte ernten, damit sie zur Nahrung
meines Herzens werden können,
wenn ich über deine Liebe nachsinne.
Das bitte ich im Namen Jesu, amen.

Ihm nachfolgen

Versuchen Sie, eine Szene aus der Bibel vor Ihrem geistigen Auge zu sehen. Stellen Sie sich vor, Sie sind eine der Personen aus der Geschichte. Was würden Sie sehen, hören oder sogar riechen, wenn Sie dort wären? Stellen Sie sich vor, wie die betreffende Person die Worte spricht, die Sie auf den Seiten der Bibel lesen.

Oder richten Sie Ihre Aufmerksamkeit auf ein bestimmtes Wort, das Ihnen in dem Abschnitt auffällt. Lesen Sie den Text langsam und laut, nehmen Sie den Klang in sich auf.

Und dann staunen Sie.

Wissen, wohin ich gehöre

Viele Jahre lang zogen wir mit unseren Schafen jeden Sommer los. Die Rundreise zu den verschiedenen Ausstellungen, seien es die örtlichen, regionalen oder auch ein, zwei für den ganzen Bundesstaat, ist eine sehr lehrreiche Zeit. Die Schafe denken nicht groß darüber nach (schließlich müssen sie ja auch nichts mitnehmen), doch die Schafzüchter leeren dafür praktisch die ganze Scheune. Sie nehmen kistenweise Ausstellungskleidung mit, Wollkleider (im Juli!) für einen bestimmten Wettkampf (eine Art Modenschau, bei der Schafe an der Leine herumgeführt werden), Kämme und Scheren, Seife und Halfter, Kühlboxen und Schlafsäcke – um nur einiges zu nennen. Man kann sich vorstellen: Es ist viel Arbeit, macht aber auch viel Spaß.

Die Schafe werden gewaschen, geföhnt und getrimmt, bis sie sich von ihrer besten Seite zeigen. Ausstellungsrichter begutachten die Tiere, während die jugendlichen Schönheitsköniginnen ihre Diademe zurechtrücken und sich den Staub von den Jeans klopfen. Es ist ganz schön was los in der Ausstellungsscheune. Doch falls Sie denken, das Ganze sei doch nichts als ein verschrobener Spaß: In manchen Klassen bringen die Siegertiere Hunderte von Dollar als Preisgeld ein und dazu mehrere Tausend, wenn sie anschließend versteigert werden.

Es wurden schon Züchter dabei erwischt, wie sie ihren Tieren verbotene Substanzen verabreichten, um die Chancen zu erhöhen. Mancher Betrug findet Monate vorher sozusagen hinter den Kulissen statt: Heimlich werden andere Schafrassen eingekreuzt oder es wird bei den Geburtsdaten geschummelt, um damit einen Vorteil zu erzielen.

Doch im Großen und Ganzen sind die Schafzüchter ein ehrliches Volk. Sie helfen sich gegenseitig bei der Präsentation der Tiere, und wenn eines ausgerissen ist und aus der Scheune zu entkommen droht, fangen sie es gemeinsam ein.

Eines Nachts, als wir auf einer Ausstellung für den ganzen Bundesstaat waren, lehnte sich ein unbekanntes Schaf gegen das Tor seines Pferchs – und siehe da, das Gatter öffnete sich. Das Lamm befand sich an einem ihm fremden Ort und war neugierig. Vielleicht versuchte es, seinen eigenen Stall zu finden. Die Lichter waren aus, die Schäfer lagen auf ihren Feldbetten ausgestreckt oder hatten sich in ihre Schlafsäcke eingerollt. Manche übernachteten auch zu Hause. Zuerst hörte niemand das Lamm. Die Hufe klapperten über den Betonboden, ganz sacht und leise. Bis das Lamm an einer schlafenden Schafhirtin herumschnüffelte, hatte niemand sein Verschwinden bemerkt.

Als meine Tochter aufwachte, befand sie sich Nase an Nase mit einem fremden Schaf. Rasch orientierte sie sich und fing den flauschigen Ausreißer ein. Wir sperrten das Tier in einen leeren Pferch und gingen auf leisen Sohlen durch die nur spärlich beleuchtete Scheune, um herauszufinden, wo das Lamm herkam. Ein paar Schafe fingen an, sich zu regen und zu blöken. (Als sie uns umhergehen sahen, dachten sie, es sei schon Morgen und das Frühstück käme gleich.) Damit wir nicht alle aufweckten und ein Tumult begann, beschlossen wir, uns lieber wieder hinzulegen. Der kleine Wanderer war ja jetzt in Sicherheit, und wie alle Schafe in der Scheune hatte er eine Ohrmarke. Wir wussten zwar nicht, wem das Schaf gehörte, doch sobald die Sonne aufging und die Ausstellungsleiter eintrafen, würden wir durch die Ohrmarke erfahren, wer der Besitzer war. Dann konnten wir es zurückbringen.

So geschah es dann auch.

Schafe werden mit dem Namen ihres Hirten markiert. Auf einem kleinen Plastikschild stehen der Name der Farm und ein paar Zahlen. Sie verraten uns, wem die Schafe gehören. Bevor es solche Plastik-Ohrmarken gab, kennzeichneten Hirten ihre Schafe, indem sie die Ohren auf eine bestimmte Weise durchlochten. Die Technik ändert sich: Heutzutage kann man mithilfe winziger Computerchips die Bewegungen einer ganzen Herde nachvollziehen und feststellen, woher sie kommt. Doch egal, um welche Vorgehensweise es sich handelt, fest steht, dass die Tiere einer Herde einem bestimmten Besitzer zugeordnet werden können.

Und wie ist es mit uns?

Kann man feststellen, wem wir gehören?

Wenn ja, wie?

Manche Christen tragen ein Kreuz um den Hals, doch das kann ebenso gut eine Modeerscheinung sein wie ein Bekenntnis. Viele Menschen, die Kreuze umhaben, sind keine Christen. Fast ebenso beliebt sind T-Shirts oder andere Kleidungsstücke mit christlichen Motiven. Auch das ist eine Möglichkeit zu zeigen, wohin man gehört.

Jesus erinnert seine Jünger: „An eurer Liebe zueinander wird jeder erkennen, dass ihr meine Jünger seid" (Johannes 13,35).

Diese Liebe ist unser Erkennungszeichen. Gott, der selbst Liebe *ist*, liebt uns. Und weil wir geliebt werden, können wir unsere Liebe auch an andere verschenken. Dann fühlen sich die Menschen von der Quelle unserer Liebe angezogen.

Er liebt uns.

Wir lieben ihn und dann andere.

Dadurch können die anderen ihn auch erkennen.

„Aus tiefster Seele hoffen wir auf den Herrn;
er allein ist unsere Hilfe und der Schild, der uns schützt.
Denn an ihm freuen wir uns von ganzem Herzen,
und wir vertrauen auf seinen heiligen Namen.
Deine Gnade, Herr, sei über uns, wie wir es von dir erhoffen."
Psalm 33,20-22 NGÜ

„Gott, sei uns gnädig und segne uns!
Sieh uns an im Licht deiner Liebe!
Dann wird man auf der ganzen Welt erkennen,
dass du uns führst. Alle Völker werden sehen und verstehen:
Du willst die Menschen retten."
Psalm 67,2-3

Lieber Gott,
manchmal frage ich mich,
ob wohl irgendjemand erkennt,
dass ich dir nachfolge.
Sieht mein Leben anders aus als das Leben
der Menschen um mich herum?
Ich möchte, dass du in meinem Leben sichtbar bist.
Danke, dass du mich mit Liebe geradezu überschüttest.
Leite mich in meinen Beziehungen, damit ich deine Liebe leben kann.
Ich weiß, dass andere mich dabei beobachten,
doch ich will mit meinem Handeln allein dir gefallen.
In Jesu Namen, amen.

Ihm nachfolgen

Setzen Sie sich, je nach Jahreszeit, in die Sonne oder an ein sonniges Fenster. Stellen Sie sich vor, dass die wärmenden Strahlen Gottes Liebe sind. Nehmen Sie sie in sich auf. Spüren Sie ihnen nach. Und nun stellen Sie sich eine noch viel stärkere Kraft vor: Gott, der selbst Liebe ist, scheint über Ihnen.

Wenn Sie dann durch Ihren Tag gehen, strahlen Sie für andere Menschen Mitgefühl, Freundlichkeit und Anteilnahme aus, leicht und zwanglos, auf eine fast spielerische Weise.

So wird Gottes Liebe in einer dunklen Welt sichtbar.

Das wird Spuren hinterlassen.

Geführt, nicht getrieben

Hin und wieder müssen Mike und ich uns eigenhändig um die Gesundheitsvorsorge unserer Schafe kümmern. Um das Ganze für sie (und für uns) möglichst wenig nervenaufreibend zu gestalten, bringen wir sie in einen kleinen Pferch, wo sie eng zusammenstehen und dann einzeln hintereinander durch einen schmalen Gang geschleust werden. So können wir sie impfen oder entwurmen oder irgendetwas anderes tun, was gerade wichtig ist. Den Schafen gefällt die Pflege nicht, die wir ihnen da angedeihen lassen, und am liebsten wollen sie den Pferch gar nicht erst betreten.

Wenn man Schafe dort hinbekommen möchte, wo sie hinsollen, setzt man dafür eine Methode ein, die am ehesten ihrem Wesen entspricht: Man führt sie. Da sie den engen Pferch, in dem wir sie behandeln wollen, nicht mögen, locken wir sie mit Getreide an. Wir füllen es in einen Eimer und halten ihn hoch, sodass alle Schafe ihn sehen können. Dann schütteln wir ihn, damit sie das Getreide „flüstern" hören, während der Duft ihnen einen vollen Bauch und Sättigung aller Bedürfnisse verheißt. Wir locken sie also, indem wir ihre verschiedenen Sinne ansprechen, und das funktioniert meistens gut (bei mir übrigens auch – leider).

Im Moment arbeiten wir daran, die Einstellung der Herde gegenüber dem „Behandlungspferch" durch Belohnungen zu verbessern. Wir führen die Schafe zum Pferch, schleusen sie durch die gesamte Vorrichtung, ohne dass etwas Unangenehmes mit ihnen passiert, und geben ihnen dann das Getreide als Belohnung für ihre Mitarbeit.

Ob mit oder ohne Belohnung – Schafe wie Menschen lassen sich lieber führen als treiben. Manchmal (wenn wir gerade kein Getreide haben) schrecken die Schafe zurück und laufen kurz vor dem Pferch auseinander. Dann sitzen wir ganz schön in der Tinte – sie haben uns durchschaut und sind misstrauisch. Sie wissen, dass wir sie im Pferch haben wollen, um ihnen eine scheußliche Medizin mit einer spitzen Nadel oder einem Metallröhrchen zu verpassen. Wir können nicht vernünftig mit ihnen reden und ihnen erklären, dass ihre unangenehme Erfahrung im Pferch eigentlich dazu dient, ihnen etwas Gutes zu tun. Das geht weit über ihr Vorstellungsvermögen hinaus. Wenn man Schafe führen will, geht das nur mit ihrem Einverständnis. Und da es in diesem Fall nicht gegeben ist, müssen wir uns anders behelfen: Wir treiben sie.

Schafe lassen sich nicht gerne treiben – sie reagieren zwar darauf, aber sie hassen es. Wir setzen unseren Hütehund, einen Cardigan Welsh Corgi, für diese Zwecke ein. Die Hündin bellt, rennt auf die Schafe zu und zwingt sie, dorthin zu laufen, wo sie hinsollen. Wenn Schafe gedrängt und durch Drohungen zu etwas gebracht werden, setzt sie das unter Stress. Es macht ihnen keine Freude, und es besteht keine liebevolle Beziehung. Nur Gewalt. Der Stärkere setzt sich durch. Das mögen sie nicht. Wir übrigens auch nicht.

Im Internet fand ich eine Geschichte über Hirten im Nahen Osten. Eine Touristengruppe beobachtete einen Mann, der seine Schafe von hinten trieb. Der Reiseleiter fand dies ungewöhnlich. Er rief: „Warum treiben Sie Ihre Schafe? Ich habe immer gehört, dass die Hirten hier in der Gegend ihre Herden führen."

Der Mann antwortete: „Das stimmt. Der Hirte führt seine Schafe. Aber der Schlachter treibt sie, und ich bin der Schlachter!"[9]

Gott, der große Hirte, führt sein Volk am liebsten. Wenn wir uns nicht führen lassen, dann muss er uns manchmal treiben. Aber auch das geschieht nur aus Liebe. Wenn wir ihm aber willig folgen, dann braucht er uns nicht zu treiben.

Wenn wir unter Stress sind und nicht verstehen, was mit uns geschieht, denken wir vielleicht, dass Gott hinter uns her ist. Doch ich meine: Meistens ist es nicht der Hirte, der uns treibt, sondern der

Feind. Wir werden von unseren Ängsten getrieben, unserem Perfektionismus oder von den Erwartungen anderer Menschen an uns. Stacy Eldredge hat es einmal treffend beschrieben: „Wir sehnen uns nach vertrauensvoller Gemeinschaft … doch die Botschaft, die wir von einer getriebenen Gesellschaft oder einer getriebenen Kirche zu hören bekommen, lautet: Streng dich *noch mehr* an."[10]

Vielleicht sind die Christen der Teil der Gesellschaft, der sich am meisten unter Druck setzt. Wir kämpfen mit der Sünde und fragen uns, warum. Wir kaufen Bücher, in denen steht, wie man ein siegreiches Leben führt – wenn man nur irgendein simples Rezept befolgt. Wir wissen, dass die Welt uns beobachtet, und versuchen mit allen Kräften, gute Menschen zu sein. Und wenn uns das misslingt, dann setzen wir Masken auf und tun so, als ob. Denn wir meinen, durch unser Versagen würde Gottes Ruf geschädigt.

Und der Feind lacht uns aus.

Ich muss zugeben, dass auch ich meistens als ein so getriebener Christ lebe. Ich meine zu wissen, was von mir erwartet wird und wie ich leben soll. Also beiße ich die Zähne zusammen und versuche es. Viel zu sehr ist mir bewusst, dass andere Menschen den Blick auf mich gerichtet haben. Ich stelle mir vor, was sie denken, und benutze das als Spiegel und als Motivation für meine Handlungen.

Zum Beispiel lese ich einen Artikel in einer christlichen Zeitschrift. Meistens gibt es darin eine Liste mit den Schritten, die man unternehmen sollte. Ich messe mich selbst daran und stelle fest, dass ich dem nicht entspreche. Ich beschließe, es besser zu machen, und wende meine eigenen Methoden an, um das Ziel zu erreichen. Wenn ich tatsächlich einmal daran denke, meine Bibel zu lesen, dann finde ich dort noch einen anderen Bereich, in dem ich versage. Kaum habe ich mich darin verbessert, stolpere ich über den nächsten Fehler. Bald schon verstricke ich mich in meinen eigenen Anstrengungen, habe den Blick fest auf mich selbst gerichtet, auf meine Bemühungen, mein Versagen, meine Kräfte.

Ich werde getrieben.

Ich versuche es „richtig" zu machen.

Perfekt zu sein, über jeden Vorwurf erhaben.

Doch das klappt nie.

Ich muss zugeben, dass ich es satthabe, getrieben zu werden, mir so viel Mühe zu geben und dann doch wieder zu versagen. Meine Gaben und Talente täuschen mich darüber hinweg, dass ich unvollkommen bin. Ich schaffe es nicht allein.

Eigentlich sollte ich das doch durchschauen: Wenn wir Gott mit unseren Bemühungen gefallen können, wozu brauchen wir dann noch einen Retter?

Wenn Gott unsere Bemühungen nicht braucht, was braucht er dann?

Unsere Zustimmung, unsere Bereitschaft, unser Vertrauen, unser Ja.

Mich selbst anzutreiben (oder mich antreiben zu lassen), ist nicht das Geheimnis eines christlichen Lebens.

Wie Schafe sind wir dazu geschaffen, geführt zu werden.

Ja, geführt.

Schafe tragen keine Lasten, machen keine Kunststücke, werden nicht berühmt. Sie leben mit ihrem Hirten, fressen ihm aus der Hand, und sie bringen ohne große Anstrengung, ja, sogar ohne es selbst zu merken, Wolle hervor, die der Hirte verwenden kann.

Der Hirte kann die Schafe gebrauchen, wenn sie sich nur von ihm führen lassen.

Nicht treiben.

„Du willst kein Schlachtopfer, sonst hätte ich es dir gebracht.
Dir gefällt nicht, dass man Tiere schlachtet und für dich verbrennt,
um von der Sünde freizukommen."
Psalm 51,18

„Hilf mir, so zu leben, wie du es willst, denn du bist mein Gott!
Führe mich durch deinen guten Geist!
Dann werde ich erleben, wie du mir Hindernisse
aus dem Weg räumst."
Psalm 143,10

Lieber Gott,
ich weiß nicht, warum ich mein Christsein so lebe,
als ginge es nur darum, eine Reihe von Regeln einzuhalten.
Es tut mir leid.
Leite mich durch deinen Geist, denn du bist mein Gott.
In Jesu Namen, amen.

Ihm nachfolgen

Jesus ist, wie immer, unser Vorbild – der Hirte, dem wir folgen. Oft wunderten sich die Leute über die Taten Jesu. Dann antwortete er ihnen, er tue nur das, was er seinen Vater tun sah (Johannes 5,19).

Darum soll es auch in dieser Woche gehen. Nehmen Sie eines der Evangelien zur Hand, egal ob es das von Matthäus, Markus, Lukas oder Johannes ist. Lesen Sie es, und achten Sie besonders darauf, was Sie Jesus tun sehen. Denken Sie über sein Handeln nach, finden Sie ein Muster darin und beten Sie um Weisheit. Dann bitten Sie Gott, dass er Sie führt. Sie ganz persönlich, in Ihrer Lebenssituation.

Er wird es ganz bestimmt tun.

Wenn die Mutter ein Eimer ist

Madeleine, mein altes, aber immer noch fruchtbares Mutterschaf, war mit Zwillingen trächtig. Sie hatte den ganzen Stall in Aufregung versetzt, denn ihr Bauch hing tief herunter und streifte fast den Schnee. Das war kein gutes Zeichen. Schnell fuhren wir mit ihr zum Tierarzt. Ein Gebärmutterband war gerissen. Der Arzt konnte zwar die Zwillinge retten, nicht aber die Mutter.

Also zogen wir die beiden Waisen fast zwei Monate lang mit der Flasche auf – viel länger, als es jeder vernünftige Schafzüchter getan hätte; denn der Muttermilchersatz war teuer. Täglich füllten wir die Milch in einen großen, viereckigen Eimer, der auf drei Seiten je einen Sauger aus Gummi hatte. Die Zwillinge kamen angestürmt, wenn wir auf den Eimer klopften und ihn an ihren Pferch hängten.

Als wir den beiden Jungs allmählich den Eimer entzogen und ihnen nur noch abends jeweils eine Flasche Milch anboten, schienen sie ungewöhnlich hungrig zu sein. Sie rasten zum Zaun und saugten so gierig, dass sie kaum Luft bekamen.

„Vielleicht haben sie Durst", überlegte Bethany. „Hast du sie schon mal trinken sehen?" Ich dachte nach, konnte mich aber nicht erinnern, sie am Wassertank gesehen zu haben. Allerdings hatte ich auch nicht ständig darauf geachtet.

Von nun an beobachteten wir die beiden. Bethany hatte recht: Sie gingen nicht einmal in die Nähe des Tanks.

Die anderen Lämmer liefen zusammen mit ihren Müttern hin. Sie berührten die Wasseroberfläche mit den Lippen und tranken. Eigentlich nichts Besonderes.

Nicht so die zwei Waisenjungen.

Sie wussten einfach nicht, wie es ging.

Zwar hatte ich sie mit Nahrung versorgt, aber ich war nicht ihre Mutter. Ein Lamm aufzuziehen, bedeutet viel mehr, als ihm die Flasche zu geben. Unsere Waisen hatten kein Vorbild, dem sie folgen konnten – niemanden, der ihnen den nächsten Schritt zeigte. Und das führte zu einer ganzen Reihe von Problemen.

Überrascht entdeckte ich, dass meine von Hand aufgezogenen flauschigen Lämmer an Dreck und Erde nuckelten, während die anderen Lämmer mit ihren Müttern und dem Rest der Herde friedlich grasten. Wahrscheinlich versuchten sie es den älteren Schafen nachzumachen, doch es fehlte ihnen die persönliche Unterweisung und das liebevolle Vorbild ihrer Mutter. Die beiden Waisen hatten beobachtet, wie die anderen die Köpfe senkten und fraßen, und diesem Beispiel folgten sie, so gut sie konnten.

Ich habe aus der Zeit noch ein paar lustige Videos, auf denen mein Mann den Kopf ins Gras steckt, ein Büschel mit der Hand ausreißt und es an sein Lieblingswaisenkind verfüttert. Er versuchte dem Kleinen zu zeigen, worauf es ankam (und irgendwann klappte es auch). Bethany bemerkte nur trocken: „Was soll man auch erwarten, wenn die Mutter ein Eimer ist?"

Sie beschloss, den beiden Lämmern das Trinken beizubringen. Auf allen Vieren krabbelte sie zu einem Wassereimer und demonstrierte die richtige Trinktechnik. Bethany senkte vorsichtig den Kopf und näherte ihre gespitzten Lippen der Wasseroberfläche. Dann schlürfte sie laut und vernehmlich. Die kleinen Lämmer sahen ihr zu, dann versuchten sie es selbst, warfen dabei den Eimer um und verursachten ein heilloses Chaos. Die ersten Male bekamen sie Wasser in die Nase und rannten weg. Doch Bethany gab nicht auf, sondern zeigte ihnen immer wieder, wie es ging. Endlich kapierten es die beiden und überwanden ihre Abhängigkeit von der Flasche und ihre Angst vor dem Wassertrog.

Sie brauchten einfach ein Vorbild. Jemanden, der sie liebte und ihnen zeigte, wie man lebt. Die Mutter fehlte ihnen, aber immerhin hatten sie einen Hirten.

Manchmal frage ich mich, ob ich mich in den Augen Gottes auch so dumm anstelle wie die mutterlosen Lämmer, wenn ich versuche, mein Leben genauso zu gestalten wie die Welt um mich herum. Ich beobachte, wie die Leute Besitz anhäufen oder Anerkennung erlangen. Geld, Beliebtheit, Luxus, Bequemlichkeit – viele Menschen sehen darin ihre Ziele. Wer oder was bestimmt die Entscheidungen, die ich treffe?

David wusste, wem er folgte. Er schrieb:

„Herr, ich sehne mich nach dir! Mein Gott, auf dich setze ich mein ganzes Vertrauen. … Herr, zeige mir, welchen Weg ich einschlagen soll, und lass mich erkennen, was du von mir willst! Schritt für Schritt lass mich erfahren, dass du zuverlässig bist. Du bist der Gott, der mir hilft, du warst immer meine einzige Hoffnung. Denke daran, dass du mir schon früher dein Erbarmen und deine Liebe bewiesen hast! … Der Herr ist gut und gerecht. Darum führt er die auf den richtigen Weg zurück, die ihn verließen. Allen, die ihre Schuld eingestehen, zeigt er, wie sie leben sollen und was er von ihnen erwartet. In Liebe und Treue führt er alle, die sich an seinen Bund und seine Gebote halten. Herr, mach deinem Namen Ehre und vergib mir meine schwere Schuld! Was ist mit dem, der dem Herrn gehorcht? Der Herr zeigt ihm den richtigen Weg." (Psalm 25,1-2.4-6.8-12)

Wir können nicht lernen, wie man lebt, indem wir die Welt um uns herum beobachten. Wir müssen lernen, uns auf unseren Hirten zu verlassen, damit er uns den Weg zeigt. Wenn Sie die Evangelien lesen und darauf achten, wie Jesus lebte und mit anderen umging, haben Sie das perfekte Vorbild, dem Sie nachfolgen können. Betrachten Sie seine Güte und Geduld. Entdecken Sie, wie er sich immer wieder zurückzog, um mit seinem Vater allein zu sein. Bitten Sie ihn, Ihr Vorbild zu sein. Erlauben Sie dem Heiligen Geist, Sie zu führen und Ihnen die Kraft zu geben, Gott zu gehorchen. Achten Sie auch auf die Christen, die Gott Ihnen zur Seite stellt und die ihren Glauben mit Überzeugung und Hingabe leben. Lernen Sie auch von ihnen.

Wir sind nicht allein.

Wenn wir im Glauben wachsen wollen, ist das kein Do-it-yourself-Projekt. Wir müssen bereit sein, zu hören und uns lehren zu lassen. Gott kommt herunter zu uns und kümmert sich um uns. Gott sei Dank sind wir nicht auf uns allein gestellt.

„Du achtest darauf, ob jemand Not leidet oder Kummer hat,
und nimmst das Schicksal dieser Menschen in deine Hände!
Die Armen und die Verwaisten dürfen dir ihre Anliegen anvertrauen,
denn du bist ihr Helfer."
Psalm 10,14 NGÜ

„Herr, zeige mir, welchen Weg ich einschlagen soll,
und lass mich erkennen, was du von mir willst!
Schritt für Schritt lass mich erfahren, dass du zuverlässig bist.
Du bist der Gott, der mir hilft, du warst immer
meine einzige Hoffnung."
Psalm 25,4-5

Himmlischer Vater,
danke, dass du deinen Sohn gesandt hast.
Er lebte als Mensch unter uns, bevor er starb, um mich zu retten.
Er hat den Weg bereitet, auf dem ich folgen kann,
und er zeigt mir diesen Weg.
Hilf mir, auf ihn zu sehen.
Amen.

Stellen Sie sich vor, Jesus sitzt neben Ihnen, wenn Sie zur Arbeit fahren. Oder er kniet neben Ihnen, während Sie im Garten Unkraut jäten. Sie können mit ihm sprechen, wenn Sie wollen, Sie müssen es aber nicht. Stellen Sie sich einfach nur vor, dass er da ist. Wenn Sie das mehrmals geübt haben, als Sie allein waren, versuchen Sie nun, sich Jesus neben Ihnen an Ihrer Arbeitsstelle oder im Supermarkt vorzustellen.

Beeinflusst dieser Gedanke Ihr Verhalten?

Mama ist weg

Murray war das einzige unserer Lämmer, dem seine Mutter den Namen gab. Jedes Jahr denken wir uns die wildesten Namen für unsere Lämmer aus. Manchmal wählen wir ein Thema aus, zum Beispiel Blumen oder Edelsteine. In einem denkwürdigen Jahr nahmen wir die Bill-Cosby-Show als Ausgangspunkt. Und so befanden sich am Ende solche besonderen Charaktere wie Heathcliff, Claire, Theo und Vanessa in unserem Stall.

Murray aber wurde von seiner Mutter so genannt, und zwar nur wenige Augenblicke nach seiner Geburt. Sie murmelte in der typischen Liebessprache mit ihrem Neugeborenen und nannte ihn ganz eindeutig „Mur-ur-ur-y … Murray". Der Name blieb haften.

Murray war ein toller, kleiner, tiefschwarzer Bock, aber er hatte einen blinden Fleck. Nach oben hin nämlich.

Murray hatte einfach keinen Durchblick …

Zu der Zeit lebten unsere Schafe in einem hundert Jahre alten, selbst gebauten Stall, der ursprünglich für Milchkühe gedacht war. Um hineinzukommen, mussten die Schafe zwei Betonstufen hochspringen und landeten dann drinnen, wo sie die Nacht in Sicherheit verbringen konnten. Jeden Abend um dieselbe Zeit lockte Bethany die Schafe hinein mit dem Versprechen: „Getreide, Mädels!" und „Gutes Heu, gutes Heu!"

Murrays Mutter schloss sich der Gruppe jeden Abend an, und Murray folgte ihr auf dem Fuß. Ein Schaf nach dem anderen sprang in den Stall. Doch als Murrays Mutter hineinsprang, folgte das Lamm ihr nicht.

Stattdessen geriet es in Panik. Murray rannte wie verrückt hin und her, suchte seine Mutter und rief nach ihr. Sie kam zur Schwelle zurück und antwortete ihm, aber Murray schaute nie die sechzig Zentimeter nach oben, wo sie stand. Wir kamen zu dem Schluss, dass es für sein kleines Lämmerhirn so aussah, als wäre seine Mutter mit ihrem Sprung in den Stall einfach verschwunden. Gerade war Mama noch da, im nächsten Moment war sie weg. Er konnte sie zwar hören, aber sie war für ihn unsichtbar.

Manchmal sprang Murrays Mutter wieder hinunter zu ihm und jagte ihm durch ihr plötzliches Auftauchen noch einen Riesenschreck ein. Sie führte ihn zurück zur Stalltür, sprang hinauf und verschwand so erneut auf grausame Weise.

Er kapierte es einfach nie.

Wenn wir genug gelacht hatten, fingen wir den kleinen Kerl ein und hoben ihn in den Stall, wo er glücklich mit seiner Mutter vereint wurde.

Wie Murray die Welt wahrnahm, das war für ihn die Realität, auch wenn sie nicht stimmte. Man kann nicht sagen, dass hier alles relativ war: Der eine sieht die Dinge so, der andere eben anders. Murray dachte, seine Mutter sei verschwunden, aber da lag er falsch – obwohl ich mir ziemlich sicher bin, dass ihm die Frage nach der letztendlichen Wahrheit ziemlich egal war.

Er wollte nur seine Mama.

Um ihm dabei zu helfen, fing der Hirte ihn ein und hob ihn hoch zu ihr.

Das ist ein bisschen wie Gnade. Wir sind verwirrt und ängstlich, allein und verloren, wir rufen, schauen uns um und versuchen, in unserer Situation einen Sinn zu entdecken. Aber das gelingt uns nicht.

Doch Gott sei Dank hängt die Gnade nicht davon ab, ob wir sie begreifen. Wir haben einen Hirten, der uns kennt, wie wir sind, und uns trotzdem liebt. Er ist bei uns und hat Erbarmen mit uns. Er kommt den ganzen Weg zu uns herunter, um uns zu retten und zu sich zurückzuholen.

Murray war immer sehr dankbar.

„Wie groß ist unser Herr und wie gewaltig seine Macht!
Unermesslich ist seine Weisheit.“
Psalm 147,5

„Herr, ich richte meine Augen auf dich,
der du im Himmel wohnst.“
Psalm 123,1

Lieber Herr,
hilf mir zuzugeben, dass ich dich brauche.
Hilf mir, deine Hilfe zu suchen
oder mich zumindest nicht gegen sie zu wehren.
Hilf mir, dir zu folgen,
dicht bei dir zu bleiben, damit ich mich nicht verlaufe.
Heb mich hoch auf deine Arme
und setz mich dorthin, wo du mich haben willst.
In Jesu Namen, amen.

Ihm nachfolgen

Lesen Sie Psalm 40 und tun Sie dasselbe wie David: Hoffen Sie auf Gott.

Loben Sie ihn.
Befehlen Sie sich ihm an.
Lassen Sie sein Wort in Ihr Leben hinein.
Erzählen Sie anderen Menschen von ihm.
Vertrauen Sie auf seine Hilfe.
Erkennen Sie, dass Sie hilflos sind und ganz auf ihn angewiesen.
Vertrauen Sie darauf, dass er etwas aus Ihnen macht.

Schlecht in Mathe

Können Schafe sündigen?

Wohl nicht im klassischen Sinn.

Doch wenn man Sünde dem Wortursprung nach als „das Ziel verfehlen“ definiert – dann ja.

Genau wie wir sind sie Meister darin.

Gilda hat etwas Unrechtes getan. Sie hat die falsche Entscheidung getroffen, Schaden verursacht und sich schließlich selbst das Urteil gesprochen.

Eine irregeleitete Wahrnehmung, falsche Voraussetzungen – dann lehnte sich Gilda gegen ihren Hirten auf, setzte für den Augenblick ihren Willen durch und verlor am Ende alles.

Und ich war traurig.

Folgendes war geschehen: Gilda brachte zwei schöne weibliche Lämmer zur Welt. In unserer Herde gibt es häufig Zwillinge. Gott hat die Schafe so geschaffen, dass es ihnen nicht schwerfällt, zwei Lämmer großzuziehen. Gildas Lämmer kamen ohne Komplikationen zur Welt, und schon bald leckte die Mutter die beiden ab und sprach sanft mit ihnen. Wie alle Schafe erkannte auch Gilda ihren eigenen Geruch auf den feuchten Körpern der Neugeborenen wieder. Sie schien sofort eine Beziehung zu den beiden gefunden zu haben.

Am nächsten Tag bemerkte ich, dass Gilda geduldig stehen blieb, während ihr erstes Lamm, Sparrow, trank. Doch als Magpie, das zweite Lamm, auch trinken wollte, sprang sie zur Seite. Ich prüfte die Zähne der Kleinen. *Nicht zu scharf*, dachte ich. Trotzdem feilte ich sie etwas glatter, um sicherzugehen, dass sie das Mutterschaf beim Trinken nicht verletzten.

Ich schubste Magpie in die richtige Richtung, und sie begann zu saugen. Doch sobald die Mutter das Lamm roch, schlug sie nach ihm aus und ging weg. Ich hielt sie fest, damit Magpie sich satt trinken konnte. Dann ging ich ins Haus und holte meine Trickkiste. Zunächst schmierte ich Vanilleextrakt auf Magpies Schwanz und Gildas Nase. Ohne Erfolg.

Instinktiv reservieren Schafe ihren Milchvorrat für die eigenen Lämmer und lassen keine fremden an sich heran. Doch manchmal können sie einfach nicht bis zwei zählen; sie wählen eines ihrer Kinder aus und beschließen, dass das andere nicht ihres ist.

Das kommt vor.

Auch mit einer stark duftenden Erkältungssalbe klappte es nicht. Als Nächstes stellte ich ein Holzgitter auf, mit dem ich Gildas Bewegungsspielraum einschränkte. Sie konnte sich zwar hinlegen und aufstehen, nicht aber ihren Kopf nach hinten drehen, um zu sehen, welches Lamm gerade bei ihr trank. Zuerst bockte sie und wehrte sich ein bisschen, doch dann beruhigte sie sich, und beide Lämmer konnten ihren Hunger stillen. Ich stapfte durch den schmelzenden Schnee zurück zum Haus und legte mich eine Weile zum Ausruhen hin.

Zwei Stunden später lag das Holzgitter am Boden, und Gilda steckte immer noch darin. Ich befreite sie und sah nach, ob sie sich verletzt hatte. Sie war unversehrt und hatte auch nicht ihre Lämmer erdrückt. Nun hielt ich sie wieder fest, damit Magpie trinken konnte. Eigentlich hätte ich Gilda anbinden müssen, doch zu dem Zeitpunkt schikanierte sie Magpie nicht. So ließ ich die drei zurück und hoffte das Beste.

Beim nächsten Kontrollgang konnte ich schon beim Verlassen des Hauses das Donnern hören. Gilda schlug ihr kleines, geflecktes Lamm gegen die Stallwand. Ich rettete Magpie, beschloss, sie von nun an mit der Flasche aufzuziehen, und brachte sie in einen eigenen Pferch. Es schien ihr nichts zu fehlen, doch am nächsten Morgen fand mein Mann sie tot auf.

Innere Verletzungen? Ich weiß es nicht. Ich war zu müde und

traurig, um noch eine Autopsie durchzuführen. Gilda war ihrem anderen Lamm eine gute Mutter. Trotzdem markierte ich sie, um sie später aus der Herde zu entfernen. Denn ich kann keine Schafe behalten, die so schlecht in Mathe sind.

Gilda dachte bestimmt nicht, dass ihr Verhalten schlecht oder böse war. Sie war nicht bewusst ungehorsam (falls Schafe überhaupt gehorsam sein können). Aber sie enthielt ihrem Lamm ihre Liebe vor. Und sie widersetzte sich all meinen Bemühungen, ihr zu zeigen, was sie tun sollte.

Ich mache, was ich will.

Nicht, was du willst.

Das sagen wir zu Gott, genau wie Gilda.

Unser Herz begehrt gegen ihn auf.

Wir verschließen unsere Ohren, unseren Verstand und unser Herz vor ihm.

Das ist ein Bild für die Sünde.

Und Gott ist traurig.

„Wer aber kann erkennen, ob er nicht doch
vom rechten Weg abkommt? Vergib mir die Sünden,
die ich selbst nicht bemerkt habe!“
Psalm 19,13

Lieber Gott,
ich weiß gar nicht, womit ich beginnen soll.
Manchmal tue ich einfach das, was ich will.

Es sieht nicht wie Sünde aus.
Ich will nur tun, was ich für richtig halte.
Ist das so verkehrt? Manchmal ja.
Hilf mir, dass ich deinen Willen tun möchte.
Dass ich daran denke, dich um Führung zu bitten.
In Jesu Namen, amen.

Ihm nachfolgen

David ist bekannt für einige sehr offensichtliche Sünden. Doch er hatte auch mit dem Problem der verborgenen Sünde zu kämpfen – mit einer unterschwelligen Haltung, die Gott nicht gefällt.

Lesen Sie Psalm 19 langsam und aufmerksam. Beachten Sie, wie David zunächst die Größe der Schöpfung Gottes beschreibt. Er besingt die Sonne, die vom einen Ende des Himmels zum anderen zieht – nichts bleibt vor ihrer Hitze verborgen (Vers 7).

Dann freut er sich über das Wort Gottes, wie es in unserem Leben wirkt. Es macht uns weise, es heilt uns und schenkt uns Zufriedenheit.

Schließlich bittet David Gott, ihn vor der Sünde zu bewahren. Seine Gedanken und Worte mögen dem Herrn gefallen, der David Geborgenheit schenkt und ihn rettet.

Wenn Sie den Psalm gelesen und über ihn nachgedacht haben, dann machen Sie ihn doch zu Ihrem eigenen Gebet! Gott wird es ganz bestimmt beantworten.

Vera weiß es besser

Vera ist ein sehr erfahrenes Mutterschaf. Doch in einem Jahr spielten ihre Mutterinstinkte zur Zeit des Lammens plötzlich verrückt.

Um elf Uhr abends beim Kontrollgang fand ich bei Vera ein Lamm vor. Außer ihr hatte noch ein Mutterschaf ein einzelnes Lamm zur Welt gebracht. Ich bückte mich, um Veras Euter auszustreichen, damit die Milch frei fließen konnte. Dabei stellte ich fest, dass sie keine Milch hatte. Sie hatte noch gar nicht gelammt, sondern hatte einen von Claudias Zwillingen gestohlen. Wir brachten das Kleine zu seiner richtigen Mutter in einen eigenen Pferch. Vera brüllte und versuchte, zu dem Lamm zu gelangen. Wir ließen sie wieder aus ihrem Lammpferch heraus und hofften, dass sie bald ihre eigenen Kinder bekommen würde.

Später in der Nacht trafen wir Vera mit zwei neugeborenen Lämmern an, die sie zufrieden leckte. Erleichtert trockneten wir die beiden ab, und nur um sicherzugehen, sah ich nach, ob Vera wirklich die Mutter war.

Sie war es nicht.

In der Ecke des Stalles stand völlig eingeschüchtert ein Schaf, das zum ersten Mal trächtig gewesen war. Anscheinend hatte Vera es zur Seite gestoßen und dessen Lämmer „adoptiert". Wir brachten auch diese Lämmer zu ihrer richtigen Mutter, obwohl Vera heftig protestierte.

Natürlich hatte das Ganze Folgen. Die so wichtige erste Bindung zwischen den Mutterschafen und ihren Lämmern war gestört worden, und nun lehnte jede der richtigen Mütter einen ihrer Zwillinge ab.

Aber Vera war absolut überzeugt davon, dass sie recht hatte. Wie konnte die Hirtin nur so grausam sein und ihr das Baby wegnehmen, und das gleich zwei Mal?

Manchmal bin auch ich sicher, dass ich das Richtige tue. Es liegt so klar auf der Hand, dass ich Gott gar nicht erst um Weisung und Führung bitten muss. Doch mein Blick ist getrübt – so wie bei Vera; was ich zu „wissen" meine, kann auch ganz falsch sein.

Da bin ich nicht die Einzige. In unserer Gesellschaft herrscht die Überzeugung, dass wir uns schon alleine zurechtfinden. Wir verehren menschliche Weisheit und lehnen die Vorstellung ab, Gott könnte die Quelle der Weisheit sein. Autonomie, so lautet das Zauberwort dieser Lebenseinstellung. Alles ist relativ – du hast deine Wahrheit, ich habe meine, beide sind gleichermaßen gültig. Diese Vorstellung herrscht dort vor, wo die Unabhängigkeit großgeschrieben wird. Dass es eine absolute Wahrheit gibt, scheint unmöglich, sogar unnötig zu sein. Wir sind ziemlich sicher, dass wir auch ohne sie auskommen.

Das alles ist nichts als töricht.

William Paul Young, der Autor des Buches „Die Hütte", schreibt: „Für jedes erschaffene Wesen ist das Streben nach Autonomie völliger Wahnsinn. Zur Freiheit gehören Vertrauen und Gehorsam im Rahmen einer auf Liebe beruhenden Beziehung."[11]

Vielleicht wünschen wir uns, dass es anders wäre, aber das ist es nicht.

Wir kommen nicht alleine klar.

Wir brauchen einen Hirten.

Menschen wie Schafe sind überzeugt, die Wahrheit zu kennen und über ihr Verhalten selbst entscheiden zu können.

Doch das können wir nicht allein.

„Erkennt, dass der Herr unser Gott ist!
Er hat uns zu seinem Volk gemacht,
ihm gehören wir!“
Psalm 100,3

„Setzt euer Vertrauen nicht auf Männer,
die Einfluss haben und Macht ausüben!
Sie sind vergängliche Menschen wie ihr
und können euch nicht erretten.
Sie müssen sterben, und mit ihnen vergehen ihre Pläne.
Glücklich aber ist der Mensch, der seine Hilfe
von dem Gott Jakobs erwartet!
Glücklich ist, wer seine Hoffnung auf den Herrn setzt!“
Psalm 146,3-5

Lieber Herr,
hilf mir zu erkennen, dass ich nicht alles weiß,
nicht alles wissen kann.
Hilf mir, dass ich mich nicht schäme,
weil du die Quelle meiner Weisheit bist und mich führst.
Erinnere mich daran, dass ich dich um Weisung bitte,
auch wenn ich schon zu wissen meine, was ich tun soll.
Hilf mir, auf dich zu vertrauen und nicht auf mich selbst.
Amen.

Ihm nachfolgen

Wenn wir als Christen leben wollen, stehen wir manchmal im Widerspruch zu unserer Gesellschaft. Versuchen Sie, nicht darauf zu achten, was andere von Ihnen denken könnten. Es geht nur um Sie und um Gott. Achten Sie darauf, dass Sie Gott um seine Weisheit und Führung bitten.

Hören Sie ihm zu.

Beten Sie darum, dass Sie seine Führung wahrnehmen können.

Sobald Sie dies etwas eingeübt haben, bitten Sie Gott, dass er Ihnen hilft, für seine Führung und seinen Einfluss auf Ihr Leben offen zu sein, wenn er Ihnen die Möglichkeit dazu gibt.

Auch darin wird er Sie führen.

Gute und schlechte Hirten

Sicher haben Sie schon bemerkt, wie viel Arbeit es bedeutet, Schafe zu versorgen. In dem Buch *Psalm 23. Aus der Sicht eines Schafhirten*[12] vergleicht Phillip Keller die Fürsorge eines guten Hirten mit der eines unzuverlässigen. Er macht deutlich, dass es ein Unterschied ist, ob man Schafe nur besitzt oder ob man sich wirklich um sie kümmert.

Als ich einen Schafschur-Kurs besuchte, bekam ich aus nächster Nähe eine vernachlässigte Herde zu sehen. Der Besitzer stellte sie den angehenden Schafscherern zum Üben zur Verfügung. Auf diese Weise wurden die Tiere für ihn kostenlos geschoren, waren dabei allerdings einer Horde von Anfängern ausgeliefert, die mit äußerst scharfen Messern herumhantierten, mit denen sie nicht vertraut waren.

Allein das zeigt schon, wie wenig ihm am Wohlergehen seiner Herde lag.

Auf den ersten Blick sahen die Schafe nicht schlecht aus, denn die dicke Wolle täuschte über ihre Abmagerung hinweg. Bald schon stießen wir aber auf ihre hervorstehenden Knochen. Wie sehr wir uns auch Mühe gaben, wir waren einfach noch nicht geschickt genug, das Wollvlies abzutrennen, ohne die Tiere hin und wieder zu verletzen. Wir entdeckten auch Anzeichen von Lausfliegen und Schildzecken, die sich in die Haut dieser unglücklichen und lieblos behandelten Tiere hineingegraben hatten und dort ein Festgelage veranstalteten.

Davids 23. Psalm fasst zusammen, woran man eine gut versorgte Herde erkennt: Solchen Schafen fehlt es an nichts. Sie genießen eine üppige Weide und grasen in Sicherheit unter dem wachsamen

Blick ihres Hirten. Sie finden ein ruhiges Gewässer, was besonders wichtig ist, weil Schafe das Wasser nicht wie ein Hund auflecken. Stattdessen legen sie ihr Maul auf die Wasseroberfläche, schaffen auf diese Weise ein Vakuum und saugen das Wasser hinein, so als ob man durch einen Strohhalm trinkt. Schafe könnten tatsächlich neben einem fließenden Gewässer verdursten, denn sie sind nicht in der Lage, es zu trinken. Wenn sie es versuchen, bekommen sie das Wasser in die Nase, weil ihre Nasenöffnung direkt über dem Maul liegt. Wenn Schafe kein sauberes, stilles Wasser finden, dann trinken sie verschmutztes, abgestandenes Wasser, in dem es von Leberegeln und Bakterien nur so wimmelt.

Schafe brauchen klares, stilles Wasser – große Mengen davon.

Damit sie ausreichend trinken und gleichzeitig genug Nährstoffe zu sich nehmen, geben wir ihnen Mineralsalz, das sie durstig macht. Eine ausgewogene Ernährung mit viel frischem Wasser ist also lebensnotwendig, um die Schafe gesund und fortpflanzungsfähig zu erhalten.

Auf unserer Farm wenden wir das Prinzip der Weide-Rotation an. Das bedeutet, dass wir Netzzäune benutzen, die wir alle paar Tage an eine andere Stelle der Weide setzen, wo es wieder frisches Gras gibt. Das hält die Tiere frei von Parasiten und schont das Land. Schafe düngen den Erdboden. Ihre kleinen, runden Hinterlassenschaften purzeln zwischen die Grashalme direkt auf die Erde, wo sie zerfallen und den Boden anreichern. Als „kühler" Dünger ist Schafdung selbst für die empfindlichsten Pflanzen verträglich. Mit ihren Hufen sorgen Schafe für eine Belüftung des Bodens; sie hinterlassen gesundes Gras und eine parkähnliche Landschaft. Gut geweidete Schafe sind nützlich für den Boden, allerdings nur, wenn sie regelmäßig weiterziehen. Sind sie zu lange an einem Ort, wird dieser überweidet, die Wurzeln werden zerstört, und es kommt zur Erosion.

Ein Hirte muss nicht nur für die körperlichen Bedürfnisse der Schafe sorgen, sondern auch für ihre Sicherheit. Da ihr Fleisch gut schmeckt und sie wehrlos sind, muss man sie vor Raubtieren schützen. Hier im Mittleren Westen der USA gibt es außer Wölfen,

Pumas und Bären auch noch Kojoten. Für sie sind umherziehende oder unbewachte Schafe ein gefundenes Fressen.

Weniger auffällig sind kleinere Kreaturen, von denen vernachlässigte Schafe ebenso gequält und sogar getötet werden können: Im Sommer plagen Fliegen die Herde, und innere Parasiten rauben ihr die Kraft. Eine Fliegenart, die Schafbremse, dringt in die Nasenhöhle ein und legt dort Eier. Die Larven schlüpfen aus und nisten sich im Kopf des Schafes ein, wobei sie das Tier fast in den Wahnsinn treiben. Wenn es am Schlimmsten ist, rennen die Schafe auseinander und laufen weg. Sie versuchen sich zu schützen, indem sie ihre Köpfe im Pelz der anderen Schafe oder in Grasbüscheln verstecken.

Natürlich können Schafe in einem solchen Zustand nicht mehr in Ruhe grasen und das Futter verdauen. Ohne unser Eingreifen verlieren sie schnell an Gewicht, und es geht gesundheitlich bergab. Deshalb reiben wir die Köpfe unserer Schafe alle paar Wochen mit einem ölhaltigen Insektenbekämpfungsmittel ein, um die Fliegen von ihnen fernzuhalten. Zur Zeit Davids schützten die Hirten die Köpfe der Tiere mit einer Mischung aus Öl, Schwefel und Gewürzen.

Manchmal gerät die Herde auch durch Konflikte zwischen einzelnen Schafen in Unruhe. Streitigkeiten können die ganze Herde so in Aufruhr bringen, dass sie nicht mehr ruhen und wiederkäuen kann. Allein schon die Gegenwart des Hirten und die Beobachtung durch ihn kann die Spannungen beenden. Wenn der Schäfer in der Nähe ist, wird die Aufmerksamkeit der Tiere voneinander weg und hin zu ihm gelenkt. Sollte das nicht gelingen, kann der Schäfer die Streithähne von der Herde absondern und ihnen Hauben über den Kopf ziehen, sodass sie sich nicht mehr gegenseitig stoßen können. Wenn das alles nichts hilft, muss er die schmerzliche Entscheidung treffen, den Störenfried aus der Herde zu entfernen.

Wie bei den meisten Herdentieren gibt es auch bei Schafen eine Rangordnung. Kräftigere, willensstärkere Schafe nehmen die Futterraufen in Beschlag und stoßen die kleineren, schwächeren

Tiere weg. Auch hier muss der Hirte eingreifen und beim Füttern kluge Lösungen finden, damit die Herde durch die Reibereien keinen Schaden nimmt.

Friede – ein unbeschwertes Leben – ist eine notwendige Voraussetzung für Gesundheit und Wachstum.

Was aber passiert, wenn man sich nicht gut um seine Schafe kümmert? Dann gedeihen sie nicht, magern ab und werden krank. Selbst kleine gesundheitliche Mängel zeigen sich an der Qualität der Wolle – und sie ist doch die Einkommensquelle unserer Farm. Wenn Schafe Stress haben – weil sie krank sind, von Hunden gejagt wurden oder den Belastungen einer Drillingsgeburt nicht gewachsen waren –, können sich kahle Flecken im Vlies zeigen. In einer bedrohlichen Situation gehen die Nahrungsressourcen dorthin, wo sie am meisten gebraucht werden: zum Beispiel zur Bekämpfung einer Krankheit, zum Austragen von Lämmern oder zur Flucht. Das Schaf mag überlebt haben und gesund wirken, doch das Vlies, durch die Störung ruiniert, erzählt die wahre Geschichte.

Handlungen haben Folgen – ebenso das Unterlassen von Handlungen.

Wie gut sich der Hirte um seine Herde kümmert, kann man an seinen Schafen ablesen. Ihr Zustand sagt genauso viel über den Hirten aus wie über sie selbst.

Der Hirte schenkt Fürsorge.
Das Schaf lässt sie sich gefallen.
Das ist alles.
Es nimmt seine Hilfe an.
Manchen Schafen fällt das schwer.
Manchen Menschen auch.

„Ja, du bist hoch erhaben – trotzdem sorgst du für die,
nach denen keiner mehr fragt."
Psalm 138,6

„Fast wären sie verhungert und verdurstet,
doch er gab ihnen genug zu essen und zu trinken."
Psalm 107,9

Du guter Hirte,
ich bemerke gar nicht alles, was du tust, um für mich zu sorgen.
Trotzdem danke ich dir dafür.
Wenn ich Ärger bereite, dann mach mich darauf aufmerksam.
Deine Gegenwart soll genügen, um mich davon abzuhalten.
Bitte zeig dich in meinem Leben –
lass andere Menschen den Hirten sehen, wenn sie mich beobachten.
Das bitte ich in Jesu Namen, amen.

Ihm nachfolgen

Bitten Sie Gott, dass er Ihnen zeigt, auf welche Weise Sie sich ihm widersetzen oder ihm ausweichen.

Hören Sie auf seine Antworten.

Denken Sie darüber nach.

Bringen Sie diesen Widerstand vor Gott und legen Sie ihn ab.

Suchen Sie nach Gelegenheiten, bei denen Sie Gottes Fürsorge annehmen können. Die Antwort sieht für jeden von uns anders aus. Es kann etwas so Einfaches sein, wie sich zum Ausruhen hinzulegen oder die Bibel aufzuschlagen.

Nehmen Sie es an.

Seien Sie sein Schaf.

Herdentrieb

Nachdem die Lämmer entwöhnt sind und die Mutterschafe erneut einen runden Bauch bekommen haben, trennen wir die trächtigen Schafe von den Jährlingen, die wir für die weitere Zucht behalten wollen. Diese jungen Damen erfordern wenig Pflege und bleiben gern unter sich. Sie sind nicht so zahm wie die anderen Tiere, mit denen wir täglich zu tun haben, und so ziehen sie in Formationen über die Weide wie Vögel am Himmel. Wir nennen sie gern den „Fischschwarm" und genießen den Anblick, wenn sie wie eine Balletttruppe über ihre smaragdgrüne Grasbühne tanzen.

Schafe bleiben von Natur aus zusammen. Dieser angeborene Herdentrieb kann so stark sein, dass selbst Schafe, denen etwas fehlt, sich zusammenreißen und bei der Gruppe bleiben. Sie laufen mit den anderen mit, bis sie so krank sind, dass man ihnen nicht mehr helfen kann. Niemals verkaufen wir einzelne Schafe an jemanden, der Wolle spinnen oder eine Schafzucht beginnen will, egal wie hartnäckig er darauf besteht. „Einsame" Schafe verhalten sich nicht richtig. Da sie nur sich selbst haben, ahmen sie oft den Familienhund oder die Katze nach. Sie können trübselig werden und sogar die Nahrung verweigern.

Schafe brauchen einfach andere Schafe. Manche fühlen sich zu bestimmten Kameraden hingezogen, und so bilden sich innerhalb der großen Herde auch kleinere Gruppen von befreundeten Schafen. Das einzelne Tier ist innerhalb der größeren Gruppe sicherer. Oberhalb der Hufe besitzen Schafe eine Drüse, die eine ölige Substanz absondert. Diese hinterlässt auf dem Gras eine Duftspur, was es den Schafen einfacher macht, zusammenzubleiben. Das allein erklärt aber noch nicht ihren geheimnisvollen Tanz.

Wenn ein Schaf allein ist, kann man davon ausgehen, dass etwas nicht stimmt.

Kranke Schafe oder Mutterschafe, die Wehen haben, sondern sich von der Herde ab.

Menschen verhalten sich ähnlich. Besonders gestörte Personen sind überhaupt nicht in der Lage, Beziehungen zu anderen aufzubauen. Die Nachbarn von Mördern sagen alle das Gleiche: „Er war ein ruhiger Mann … sehr zurückgezogen."

Doch auch „normale" Menschen ziehen sich manchmal ganz von anderen zurück, weil sie zum Beispiel körperlich krank sind, Depressionen haben, verletzte Gefühle oder Ängste. Doch das ist nicht der richtige Weg.

Menschen wie Schafe sind auf Beziehungen angewiesen. Egal wie unterschiedlich wir sind – eher ruhig oder eher aufgeschlossen –, wir alle brauchen andere Menschen. Gott hat uns nicht in die Isolation gerufen. Wir lernen, miteinander auszukommen und füreinander zu sorgen – also Beziehungen zu leben –, und das ist ein ideales Trainingsgebiet für unseren Glauben. Wenn wir andere in der Gemeinde treffen, kommen wir ihnen nahe. Wir finden Vorbilder, durch die unser Glaube wächst; Hilfe in schweren Zeiten; guten Rat von Gemeindeleitern, wenn wir Orientierung brauchen; und sogar schwierige Leute, an denen wir unsere Bereitschaft zur Vergebung üben können. David betet: „Ich will dir in der Gemeinde danken, vor allem Volk will ich dich loben" (Psalm 35,18).

Ein vereinzeltes Schaf ist gestresst oder krank und extrem verwundbar. Für Raubtiere ist es eine leichte Beute, sie nutzen seine Schwäche aus.

Manchmal bin ich versucht, mich von anderen zurückzuziehen, wenn ich traurig, enttäuscht oder erschöpft bin. So ganz auf mich selbst gestellt und geschwächt, werde ich aber zum leichten Opfer für den Feind meiner Seele. Wie meine Schafe sollte ich mich bemühen, bei meinen Freunden zu bleiben. Denn sie können mich mit ihrer Liebe und ihren Gebeten umgeben.

Wenn ich völlig am Boden bin – unfähig, bei der Herde zu

bleiben –, kann ich trotzdem gewiss sein, dass mein Hirte auf mich achtet. Er liebt mich und sieht meine Not. Er kommt zu mir und hebt mich hoch, bringt mich zurück in den sicheren Pferch.

„Den Einsamen gibt er ein Zuhause,
den Gefangenen schenkt er Freiheit und Glück."
Psalm 68,7

„Wie schön und angenehm ist es,
wenn Brüder in Frieden zusammenleben!"
Psalm 133,1

Himmlischer Vater,
hilf mir, über mich selbst hinwegzusehen.
Halte mich davon ab, das Einfachste und Bequemste zu tun –
mich zurückzuziehen, zu schmollen,
meine Wunden zu lecken.
Hilf mir, stattdessen die Gemeinschaft mit deinem Volk zu suchen,
diese Menschen so zu lieben, wie sie sind, so wie du es tust.
In Jesu Namen, amen.

Das Leben als Christ wäre einfacher, wenn die Leute nicht wären.

Das verleitet uns dazu, es allein zu probieren.

Doch lassen wir uns nicht täuschen. Bitten wir Gott, uns daran zu erinnern, dass dieses Denken eine Falle und ein Betrug ist. Wenn wir uns von anderen zurückziehen, mag das zunächst eine Erleichterung sein. Doch auf Dauer macht es uns schwächer und verletzlicher. Bitten Sie Gott, Ihnen zu helfen, dass Sie „dabeibleiben", auch wenn es schwerfällt.

Achten Sie auf andere Menschen, die sich aus der Gemeinschaft zurückgezogen haben. Beten Sie darüber, ob Sie bestimmte Personen besuchen oder ihnen eine Karte schicken sollen, um ihnen Ihre Sorge mitzuteilen und Hilfe anzubieten.

Und dann tun Sie es.

Vorsicht, Böcke!

Sobald ein kleines Lamm das Licht der Welt erblickt hat, prüfe ich zuerst, ob es atmet, und dann sehe ich nach, welches Geschlecht es hat. Schon früh möchte ich wissen, ob es sich um einen Bock handelt. Eine Farm ist nämlich kein geschlechtsneutrales, auf Gleichberechtigung abzielendes Unternehmen. Weibliche Lämmer bleiben in der Regel viel länger in meiner Herde, denn sie werden für die Zucht und die Woll-Lieferung benötigt. Eine Farm unserer Größe braucht für die Zucht eigentlich nur einen einzigen Bock. Manchmal behalten wir auch zwei davon, zeigen sie auf Ausstellungen, und wenn sie dort gut abgeschnitten haben, verkaufen wir sie für Zuchtzwecke. Die anderen männlichen Lämmer werden kastriert und sind zur Ernährung unserer Familie bestimmt, für die Seder-Feier in unserer Gemeinde oder für Freunde, die einen Vorrat an Lammfleisch einfrieren wollen. Manchmal haben wir so viele Böcke, dass wir mit einem ganzen Anhänger voll zum Markt fahren, wo die Tiere dann verkauft werden.

Die zukünftige Verwendung ist aber nicht der Grund, warum ich gleich nach der Geburt nach dem Geschlecht des Lammes sehe. Ich will möglichst bald wissen, welche Lämmer männlich sind, denn ich muss so mit ihnen umgehen, dass sie im ausgewachsenen Alter nicht gefährlich werden.

Naturfilme im Fernsehen zeigen wilde Böcke, die sich erst rückwärts bewegen und dann mit voller Geschwindigkeit aufeinander losgehen, wobei sie den Kopf senken und mit den Hörnern krachend zusammenstoßen. Und wer hat nicht schon einmal einen Zeichentrickfilm gesehen, bei dem Daffy Duck oder Bugs Bunny von einem Bock verfolgt und auf die Hörner genommen werden?

Wenn aber im echten Leben ein Bock auf einen Menschen losgeht, ist das ganz und gar nicht lustig.

Einer der ersten Ratschläge, die wir als Anfänger in der Schafzucht zu hören bekamen, lautete: „Kehr einem Bock nie den Rücken zu." Das nahmen wir uns zu Herzen.

Unser erster Bock, Jonny, lieferte die Bestätigung für diese Warnung: Sobald er hörte, dass wir das Tor öffneten, raste er auf uns zu. Natürlich war die Versuchung groß, sich umzudrehen und wegzulaufen. Das wäre jedoch nicht sehr klug gewesen. Böcke sind nämlich schneller als Menschen. Wenn sich nicht in unmittelbarer Nähe ein Ausgang befinden würde, wäre unser Hinterteil eine perfekte Zielscheibe für Jonny gewesen. Also betraten wir die Weide bewaffnet mit einem Mülleimerdeckel (als Schutzschild) und einer Wasserpistole (obwohl Pfefferspray sicher wirksamer gewesen wäre), und wie der legendäre Präsident Teddy Roosevelt traten wir nur noch leise auf und führten einen großen Stock mit uns.

Jonny blieb nicht sehr lange bei uns. Unsere Tochter war erst in der fünften Klasse, und mit seinen 90 Kilogramm war er für sie ein viel zu überlegener Gegner, wenn sie die Schafe zu versorgen hatte. Er wurde der Vater unserer ersten Lämmer, und danach befolgten wir den Rat von erfahrenen Schäfern im Umgang mit unseren männlichen Lämmern. Wir streichelten nicht ihren Kopf. Wenn wir sie anfassen mussten, dann hielten wir sie unter dem Kinn fest. Wir erlaubten niemandem, sie zu necken oder zu ärgern. Und wir schlossen keine Freundschaft mit ihnen. Man hatte uns gesagt, Böcke sollten nicht allzu sehr an Menschen gewöhnt sein, sondern lieber ein wenig Angst vor ihnen haben. Besser, sie liefen weg, wenn man sich ihnen näherte, als dass sie zur Begrüßung auf einen zurasten. Wir erfuhren – und sind auch selbst überzeugt davon: Die gefährlichsten Böcke sind die Waisen, die mit der Flasche aufgezogen wurden, denn sie sind natürlich sehr vertraut mit den Menschen. Auf unserer Farm werden männliche Lämmer, die mit der Flasche gefüttert wurden, kastriert oder verkauft, bevor sie zum Problem werden können.

Junge Böcke lässt man am besten in Ruhe.

Immer wieder hörten wir Berichte, die uns darin bestärkten, im Umgang mit den Böcken vorsichtig zu sein. Auf einer Farm nur wenige Kilometer von unserer entfernt, kehrte ein älterer Schäfer seinem Bock während der Arbeit nur für ein paar Augenblicke den Rücken zu. Der Bock griff ihn an und zertrümmerte ihm beide Oberschenkelknochen. Der Mann lag erst im Krankenhaus und verbrachte dann noch Monate in der Reha-Klinik. Später sagte er, er habe noch Glück gehabt.

Vor ein paar Jahren erhielten wir Schafzüchter die erschütternde Nachricht vom Tod eines älteren Ehepaars aus dem Bundesstaat North Carolina. Bis heute ist unklar, was an jenem Herbstnachmittag im Jahr 2000 genau passierte. Carl und Mary Katherine Beaver fuhren zu ihrer Schafweide hinaus, um die Tiere zu füttern. Die Nachbarn und ihr Neffe machten sich Sorgen, als das Auto zwei Stunden später immer noch dort stand. Man fand Mary Katherine tot und ihren Mann schwer verletzt. Ein paar Wochen zuvor hatte das Ehepaar einen neuen Bock gekauft und ihn gerade erst zur Herde gelassen. Als die Rettungskräfte eintrafen, zogen sich alle Schafe vor den Männern zurück, mit Ausnahme des Bockes, der sich näherte. Das über hundert Kilogramm schwere Tier hatte Blut an den Hörnern und auf dem Rücken. Der Neffe des Ehepaars, der in der Nähe eine Ranch bewohnte, sagte: „Böcke können besonders aggressiv werden, wenn sie zu zahm sind und keine Angst vor Menschen haben."

Carl Beaver verstarb am nächsten Morgen.[13]

Wenn ich die neugeborenen männlichen Lämmer in meiner Herde versorge, muss ich manchmal daran denken, was Joni Eareckson Tada einmal bei einem Vortrag sagte: „Verhätscheln Sie Ihre Sünden nicht."[14]

Verhätscheln Sie Ihre Sünden nicht.

Böcke sind als Lämmer niedlich und faszinierend. In dieser Zeit sind sie auch noch harmlos – unsicher auf den Beinen, nur ein paar Kilo schwer und schwanzwedelnd. Was ist also so schlimm daran, wenn man sie streichelt? Immer wieder muss ich mir sagen, dass aus den kleinen Lämmern große Böcke werden. Also lasse ich die Hände in den Taschen, wenn ich versucht bin, ihren kleinen Kopf zu kraulen.

Gott möge mir dabei helfen, dass ich auch außerhalb meiner Farmarbeit so vorsichtig bin mit allem, was zunächst so harmlos aussieht.

„Wenn es mich reizt, Böses zu tun, dann bewahre mich,
und hilf mir, dass ich mich von den Übeltätern nicht mitreißen lasse!
Ihre Schlemmereien sollen mir nicht den Mund wässrig machen."
Psalm 141,4

„Die Gottlosen wollen mich in ihre Fallen locken.
Doch ich lasse mich nicht von deinen Geboten abbringen."
Psalm 119,110

Himmlischer Vater,
manches erscheint mir faszinierend.
Zeig mir, wo es mir an Weisheit fehlt, die Folgen richtig einzuschätzen.
Mach mich klug, damit ich die Gefahren der Verführung erkenne.
Warne mich, Herr.
Und dann gib mir die Kraft, deine Warnung zu beherzigen.
Bewahre mich vor Fallen.
In Jesu Namen, amen.

Ihm nachfolgen

Nehmen Sie sich in dieser Woche einmal Zeit, über die Aktivitäten nachzudenken, die Sie so unternehmen. Bringen manche davon Sie dem Herrn näher? Oder eher weiter weg von ihm? Suchen Sie sich selbst gegenüber nach Ausreden für Dinge, die Sie tun? Spiele, die Sie spielen, Internetseiten, die Sie besuchen? Wie steht es mit den Büchern, die Sie lesen, oder den Filmen, die Sie sich ansehen? Werden dadurch Begierden geweckt, die Gott vielleicht nicht gefallen? (Ich will mit diesen Fragen keine falschen Schuldgefühle hervorrufen, sondern nur Ihre Gedanken anstoßen.)

Denken Sie im Gebet darüber nach.

Versuchen Sie, Gott in jedem Bereich Ihres Lebens Freude zu machen.

Ohne Mantel durch den Winter?

Die meisten Schäfer scheren ihre Schafe im Frühjahr; wir tun es mitten im Winter. Hört sich gemein an – den Tieren ihren warmen Pelz wegzunehmen, wenn sie ihn am meisten brauchen, oder? Und tatsächlich wird es hier in der Prärie äußerst kalt. 30 Grad unter null. Und das ohne den eisigen Wind, der mit den Tiefdruckgebieten aus dem Norden zu uns herüberweht und ungehindert über das offene Land fegt. Warum also lassen wir unsere Schafe bei solchen Wetterverhältnissen ungeschützt?

Um ihre Lämmer zu retten.

Mit ihrer dicken Wolle fühlen sich unsere Schafe selbst bei den kältesten Temperaturen wohl. Wolle isoliert hervorragend. Ein 15 bis 20 Zentimeter dickes Vlies schützt die Haut unserer Tiere vor den eiskalten Stürmen. Ein ziemlich dicker Wintermantel! Unsere Schafe spüren also nichts von der Kälte; das ist zwar gut für sie, nicht aber für ihre neugeborenen Lämmer, die triefnass sind. Während ihre Mama sich draußen ganz wohl fühlt, werden sie in einer Schneeverwehung geboren und erfrieren.

Wenn wir das warme Vlies aber entfernen, spüren die Mutterschafe die Kälte. Und weil sie wissen, was solche Temperaturen bedeuten, suchen sie Schutz. Sie treffen also keine Entscheidung aufgrund von falschen Informationen („Es ist gar nicht so kalt draußen"). Stattdessen gehen die „nackten" Schafe von selbst aus dem eisigen Wind und der todbringenden Kälte. Wenn das Thermometer fällt, begeben sie sich in den Stall, wo die Lämmer eine bessere Überlebenschance haben.

Natürlich machen wir unsere Schafe durch das Scheren nicht schlauer. Aber sie *verhalten* sich klüger, wenn sie wissen, was wirklich los ist. Sie haben, wie meine Mutter sagen würde, Verstand genug, um ins Warme zu gehen. Der Schäfer kann sich das zunutze machen, um bei ihnen das richtige Verhalten hervorzurufen.

Können wir auch daraus etwas lernen? (Natürlich gibt es immer etwas zu lernen.)

Meine Schafe mögen das Scheren nicht, ganz egal, wann wir es tun. Es bringt vieles mit sich, was sie nicht leiden können: das Frühstück fällt aus; sie werden eingesperrt und dann noch festgehalten; sie hören das unangenehme Geräusch der Schermaschine; manchmal bekommen sie einen Kratzer ab; und am Ende erkennen sie ihre Freunde nicht wieder (zumindest nicht auf den ersten Blick). Dazu kommt der Temperaturschock, der sich anfühlt wie ein Sprung ins Eismeer. Mit anderen Worten: Das Scheren steht nicht auf Platz eins ihrer Hitliste toller Ereignisse wie zum Beispiel dem ersten Tag auf der Weide oder der ersten Fütterung mit Getreide im Herbst. Sie mögen es einfach nicht. Sie verstehen es nicht. Und sie können nichts dagegen tun.

Was könnte schon Gutes dabei herauskommen?

Die Wahrheit.

Weisheit.

Leben.

Hoffnung für die Zukunft.

In den Psalmen heißt es: „Der Herr durchschaut ihre Gedanken und weiß: Sie sind oberflächlich und hohl“ (Psalm 94,11). David, der Hirte und König, wusste: Gott kennt unsere Gedanken, doch wir werden seine niemals voll und ganz begreifen. „Deine Gedanken sind zu schwer für mich, o Gott, es sind so unfassbar viele“ (Psalm 139,17)!

Ich weiß nicht, was meinen Schafen durch den Kopf geht, wenn sie ihren Wintermantel verlieren. Allerdings bin ich sicher: Sie wissen nicht, was *ich* denke. Und das brauchen sie auch nicht. Ich sorge für sie so, dass sie sich klug *verhalten*.

Wir können darauf vertrauen: Gott tut dasselbe für uns.

„Du freust dich, wenn ein Mensch von Herzen aufrichtig
und ehrlich ist; verhilf mir dazu,
und lass mich weise handeln!"
Psalm 51,8

„Schritt für Schritt lass mich erfahren, dass du zuverlässig bist.
Du bist der Gott, der mir hilft,
du warst immer meine einzige Hoffnung."
Psalm 25,5

Lieber Gott,
manchmal wird mir alles zu viel.
Ich gebe auf. Ich kapituliere.
Ich weiß nicht, warum es mir so schwerfällt zu glauben,
dass du meine Lebenssituation ordnen kannst,
sodass ich das Richtige tue.
Wenn es möglich ist, mach mich weise.
Und wenn ich nicht weise bin,
dann tu, was immer nötig ist,
damit in meinem Leben dein Wille geschieht.
Das bitte ich in Jesu Namen, amen.

Ihm nachfolgen

Bitten Sie Gott, Ihnen zu zeigen, ob irgendetwas Sie davon abhält, seinen Willen zu erkennen (oder ihn zu tun). Warten Sie auf seine Antwort. Bitten Sie Gott um Weisheit – und achten Sie dann auf die Gedanken, die Ihnen durch den Kopf gehen. Wundern Sie sich nicht, wenn Sie nicht alles gleich durchschauen. Vielleicht sprechen Sie mit einem guten Freund oder einer Freundin über dieses Gebet.

Wenn Gott Ihnen ein solches Hindernis zeigt, legen Sie es vor ihm ab.

Im Gedenken an Wren

Wren ist gestorben. Oft verlieren wir die Schafe, die wir am meisten lieben – zumindest sieht es so aus. Wren war mein Lieblingsschaf. Ich liebte sie von dem Tag an, als sie geboren wurde. Ihr kleines Lamm, ein Zwilling, war das einzige, das wir in jenem Jahr verloren haben. Es hatte sich in einem Zaun verfangen und stranguliert. Wren war erst zwei Jahre alt und sehr vielversprechend. Sie hatte gleich beim ersten Mal Zwillinge zur Welt gebracht und sie so gut versorgt, wie es die erfahreneren Mutterschafe auch tun. Als ihr Lamm starb, war ich zwar traurig, aber ich tröstete mich mit dem Gedanken, dass Wren in Zukunft noch weitere Lämmer bekommen und mit ihren wunderbaren genetischen Anlagen die Herde noch verbessern würde.

Doch damit war es nun aus und vorbei.

An einem heißen Sommerabend sahen wir, dass Wren sich an den Stall angelehnt hatte; sie war schwach und konnte sich kaum auf den Beinen halten. Sie hatte 41 Grad Fieber, also kühlten wir sie ab, indem wir ihre Beine und die Haut in ihrer „Armbeuge" mit kaltem Wasser abspritzten. Mike und ich brachten sie in den Stall, boten ihr etwas zu trinken und Heu an. Wir gaben ihr auch ein Antibiotikum.

Daraufhin schien es ihr etwas besser zu gehen.

Doch am nächsten Morgen waren all unsere Hoffnungen zerstört. Sie lag am Boden, auf die Brust gestützt, den Kopf immer noch erhoben. Doch ihre Augen starrten nur geradeaus, ohne zu zwinkern. Sie schien nicht einmal zu bemerken, dass eine Fliege sich auf der feuchten Oberfläche ihres rechten Auges niedergelassen hatte. Ihr Maul stand offen, der Speichel tropfte auf den Boden und bildete auf dem Stroh eine Lache.

Nachdem alle Hoffnung geschwunden war, bemühte ich mich um Schadensbegrenzung: Die restliche Herde musste gerettet werden. Ich rief den Tierarzt an und wollte seine Meinung zur plötzlichen Erkrankung des vorher völlig gesunden Schafes hören. Nachdem ich ihm alles geschildert hatte, bat er mich um Kotproben von Wren und anderen Schafen der Herde. Also sammelte ich einige Proben ein und fuhr in das dreißig Kilometer entfernte Canton. Alle Proben waren negativ.

Während ich unterwegs war, starb Wren.

Nun wollte der Tierarzt eine Autopsie durchführen, doch Mike war mit dem Lieferwagen zur Arbeit gefahren, und in meinem Auto konnte ich ein 90 Kilogramm schweres Schaf nicht transportieren. Da wir Temperaturen um die 30 Grad hatten, konnten wir auch keinen Tag länger warten.

Als Mike nach Hause kam, begrub er Wren.

Ich ging die Weide ab, in der Hand Abbildungen von giftigen Pflanzen. Diese verglich ich mit der trockenen, staubigen Vegetation auf dem Boden. Lorbeerrosen, Rhododendron, Lupinen – nichts dergleichen war zu finden. Also entschied ich, die Schafe wieder auf die Weide zu lassen.

Wir werden wohl nie erfahren, woran Wren starb. Der Tierarzt vermutete einen Hitzschlag.

Erst als ich allein war, ließ ich meinen Tränen freien Lauf. Wenn ich den Tod meiner Tiere beweine, fühle ich mich nicht gerade wie eine Farmerin. Meine Nachbarn, die sich als typische Bewohner des Mittleren Westens durch nichts aus der Fassung bringen lassen, würden mich wahrscheinlich auslachen, wenn sie es wüssten. Aber ich bin eben mehr eine Hirtin als eine Farmerin. Ich liebe meine Schafe. Natürlich sind sie für mich keine Haustiere. Ich empfinde sie eher als meine Mitarbeiter. Wir leben in einer Beziehung, aus der die wunderschöne, vielfarbige Wolle hervorgeht, für die unsere Herde bekannt ist. Wenn es in meiner Macht gelegen hätte, dann hätte ich Wren gerettet. Aber ich konnte es nicht.

Wir glauben an Gott, den Allmächtigen, Allwissenden, Allgegenwärtigen. Das stellt uns vor ein Problem, denn wie wir alle wissen, lässt Gott manchmal Schlimmes geschehen.

Diese Frage, warum ein liebender Gott das Böse zulässt, hält viele Menschen davon ab, zu ihm zu kommen. Und eine noch größere Anzahl vertraut ihm deshalb nicht vorbehaltlos. Die kleinen Tragödien um meine Schafe sind natürlich nichts im Vergleich zu dem, was manche Menschen aus ihrem Leben berichten können.

„Wenn Gott mich liebt, warum hat er dann diesen Betrunkenen nicht davon abgehalten, mein Kind zu überfahren? Er wollte es nicht verhindern. Was soll ich mit einem solchen Gott?"

„Wenn alles, was geschieht, einen Sinn hat, dann erklär mir doch mal, warum mir so etwas Schreckliches passiert ist!"

Viele Bücher wurden geschrieben und viele Predigten gehalten, um den komplizierten Zusammenhang zwischen Gottes Plan und dem freien Willen der Menschen zu erklären. Einiges davon habe ich gelesen, manches nur annähernd begriffen.

Im Radio hörte ich einmal einen Pastor sagen, wir seien alle wie Ameisen, die über ein Gemälde von Rembrandt krabbeln. Wenn wir Braun sehen, dann denken wir, die ganze Welt sei braun, bis der Grund unter unseren winzigen Füßen sich in Grün ändert, später in Rot oder Blau. Wie die Ameise sehen wir zwar, wie unsere Lebensumstände sich verändern, doch wir begreifen nicht das ganze Konzept des Künstlers. (Wir wissen nicht einmal, dass es sich um ein Gemälde handelt.) Wir sind zu klein und zu dicht dran (und Ameisen haben ein ziemlich mickriges Gehirn). Das Ganze übersteigt unsere Vorstellung.

Ich weiß nicht, warum ich diesen Gedanken so tröstlich finde.

Vielleicht weil er mich von dem Zwang befreit, mir selbst oder anderen Menschen Gott zu erklären.

Aber eines weiß ich genau: Gott liebt. So hoch, wie der Himmel über der Erde ist, so groß ist seine Liebe zu allen, die ihm mit Ehrfurcht begegnen (Psalm 103,11).

Und er ist mächtig. David wusste das und rief zu Gott, seinem Herrn und starken Retter, um Hilfe.[15]

Vielleicht werde ich, so wie David, vor meinen Feinden gerettet. Gott kann das tun, und er wünscht sich, dass ich mich in meiner Not an ihn wende. Wenn er mir zu Hilfe kommt, werde ich ihm danken und mich freuen.

Und wenn nicht?

Auch dann werde ich ihm danken und mich freuen.

Er weiß, was das Beste ist.

Und er muss es mir nicht erst erklären.

Wren ist nicht mehr da. Und sie hat auch kein Erbe hinterlassen. Ich habe ihr Vlies herausgesucht zwischen denen, die an die Textilfabrik geliefert werden sollten. Ich habe es selbst gewaschen. Mike hat die Wolle gekämmt, bevor ich sie gesponnen habe, und wir beide ließen noch einmal unsere Hände hindurchgleiten durch dieses weiche Etwas, das Einzige, was von Wren zurückgeblieben ist.

Ich weiß noch nicht, was aus dem Garn werden soll.

Ich bete, dass Gott es mir zeigt.

„Der Herr bewahrt alle, die ihn lieben,
denn in seinen Augen ist ihr Leben wertvoll."
Psalm 116,15

„Seid stark und mutig, alle, die ihr dem Herrn vertraut!"
Psalm 31,25

Lieber himmlischer Vater,
danke für deine unveränderliche Liebe.
Hilf mir, dir zu vertrauen und dir zu danken
für alles, was du in mein Leben bringst.
Mach mich stark, weil ich dir vertraue.
Ich kann das große Bild nicht erkennen,
aber ich bin sicher: Du hast alles in deiner Hand.
In Jesu Namen, amen.

Ihm nachfolgen

Erinnern Sie sich zurück an eine Zeit, in der Sie von Gott enttäuscht waren. Oder in der Sie für etwas Bestimmtes gebetet und etwas ganz anderes bekommen haben. Sprechen Sie mit Gott über Ihre Enttäuschung. Denken Sie darüber nach, Gott nicht für das zu lieben, was er schenkt, sondern dafür, wie er ist. So rein ist auch seine Liebe zu uns. Bitten Sie ihn, dass er Ihnen dabei hilft, ihn um seiner selbst willen zu lieben.

Dem Feind die Stirn bieten

Bunny (ich weiß gar nicht mehr, wie sie zu diesem Namen gekommen ist) war ein mutiges Schaf.

Schwarz wie Ebenholz, mit langer, lockiger Wolle, hatte sie all das, was ein Ausstellungsrichter ein „gutes Gebäude" nennen würde: gerade Beine mit schönen Muskeln, einen langen, ebenmäßigen Rumpf, umfangreiche Lenden und eine ausgezeichnete Knochenstruktur. Für ein Schaf sah Bunny einfach hinreißend aus. Jeder bewunderte sie. Doch da sie ein Schaf war, jagte sie niemandem Angst ein.

Ihren Mut entdeckten wir erst, als sie das erste Mal gelammt hatte. Es waren Zwillinge, ein schwarzes und ein weißes Lamm. Zu der Zeit hatten wir unseren ersten Herdenschutzhund, einen Pyrenäenberghund namens Goliath. Goliath war schon als Welpe zu uns gekommen und gemeinsam mit den Schafen aufgewachsen. Wie alle Hütehunde betrachtete er sich als Teil der Herde. Die ganze Nacht über lief er am Zaun Patrouille, um die Kojoten in Schach zu halten. Wenn ein neues Mitglied der Herde zur Welt kam, nahm er schon kurz nach der Geburt dessen Geruch auf. So konnte er die Vollständigkeit der Herde überprüfen und die Verantwortung für den neuen Erdenbürger übernehmen.

Als Goliath sich Bunnys Pferch näherte, um ihre neugeborenen Lämmer willkommen zu heißen, weiteten sich Bunnys Augen vor Schreck. Sie sah Goliath nicht mehr als ihren Beschützer an, sondern als einen Hund – ihren Feind. Sie stampfte vor ihm mit dem Vorderfuß auf. Ruhig betrachtete er sie, legte den Kopf schief und wunderte sich, warum sie ihn nicht als ihren alten Freund erkannte. Bunny senkte den Kopf zum Angriff, doch da sie in einem Lammpferch mit nur eineinhalb Metern Länge und Breite eingesperrt war, konnte sie nicht den nötigen Anlauf nehmen. Wieder stampfte sie mit dem Huf auf, und dann versuchte sie, über das Gatter zu springen. Ihre ganze Aufmerksamkeit war auf den Hund gerichtet, und so bemerkte sie nicht, dass ich mich hinter sie stellte. Ich winkte, um Goliaths Blick auf mich zu lenken, und schickte ihn weg. Bunny hielt immer noch die Stellung zwischen ihm und ihren Kindern. Goliath zog sich zurück, und Bunny stolzierte zu ihren Lämmern.

Ich verließ den Stall und dachte darüber nach, wie ich selbst es mit meinem Feind aufnehme. Bunny hatte offenbar keine Ahnung, wie unterlegen sie in ihrer Situation gewesen war. Hunde töten Schafe – nie umgekehrt. Trotzdem wich sie nicht zurück, als sie sich und ihre Familie in Gefahr wähnte. Sie blieb stehen und bot dem Feind mit aller Kraft die Stirn. Hätte der Hund sie verletzen wollen, dann hätte sie keine Chance gehabt. Trotzdem brachte sie ihren ganzen Mut auf. Ihre Hirtin stand hinter ihr, kämpfte an ihrer Stelle und errang den Sieg.

Ich musste an einen jungen Hirten denken, der es mit einem anderen, viel berühmteren Goliath aufnahm. Dieser wollte ihm ganz bestimmt schaden. David sah seinen Feind, aber er *kannte* seinen Gott. Er trat dem Riesen ohne Rüstung entgegen, denn er wusste: Gott war mit ihm und würde ihm den Sieg schenken. David vertraute dem Herrn, dass er den Feind in seine Hand geben würde. Der Ausgang des Kampfes hing nicht von den Waffen ab, die in Davids Reichweite waren: „Ich verlasse mich nicht auf meinen Bogen, mein Schwert garantiert mir nicht den Sieg“ (Psalm 44,7). Die Schlacht war Sache des Herrn – und ist es bis heute noch.

Oft vergesse ich das und gehe durchs Leben mit der Überzeugung, dass ich jede Schlacht ganz allein schlagen muss. Ich bin geprägt von unserer westlichen Kultur, in der die eigene Leistung besonders betont wird. Dann denke ich, dass meine Erfolge mir gehören und ich sie mir durch meine eigenen Anstrengungen erworben habe. Eine Weile mag es mit dieser Einstellung gut gehen, doch am Ende bin ich müde und verängstigt. Ich kann nicht alles schaffen, kann nicht für jeden Menschen alles sein. Trotzdem verausgabe ich mich völlig bei dem Versuch. Wie Bunny bin ich der Überzeugung, es mit meiner kleinen Anstrengung geschafft zu haben. Ich gestehe mir nicht ein, dass Gott in meinem Leben wirkt.

Was aber soll ich dann tun? Die Hände in den Schoß legen und erwarten, dass Gott einschreitet und alles in Ordnung bringt?

Nein. Natürlich nicht.

Die anderen Israeliten standen tatenlos herum, als Goliath sie und ihren Gott herausforderte. Sie hielten sich feige bedeckt, während der junge David mit einem mutigen Schritt des Glaubens nach vorne trat. David erkannte, dass er seinen Teil erfüllen musste; und er wusste, dass Gott hinter ihm stehen würde.

Ich weiß nicht, warum der allmächtige Gott durch sündige, unvollkommene Menschen handeln will. Wir können das überall in der Bibel lesen. Gott wirkt in uns und durch uns, um seinen Willen zu erfüllen. Auch wir sind Teil seines Plans, und er möchte, dass wir uns ihm zur Verfügung stellen, „gerne tun, was Gott von uns erwartet" (Psalm 40,8).

Wenn wir denken, dass dieser Auftrag für uns eine Nummer zu groß ist, dann haben wir recht. Er ist zu groß.

Gott weiß das auch.

Doch wir sind hier und gehören zu ihm.

Wir können nach vorne treten und das tun, was uns zu schwierig erscheint. Wir können tapfer sein und Mut fassen, denn wir kennen unseren Gott. Er wird uns nicht im Stich lassen.

„Vertraue auf den Herrn! Sei stark und mutig,
vertraue auf den Herrn!"
Psalm 27,14

*„Kein König siegt durch seine Streitkräfte;
kein Soldat kehrt heil aus der Schlacht zurück, nur weil er so stark ist.
Wer meint, Reiterheere bringen den Sieg, der hat sich getäuscht.
Sie können noch so groß sein und dennoch vernichtend
geschlagen werden. Der Herr aber beschützt alle, die ihm gehorchen
und auf seine Gnade vertrauen. Er bewahrt sie vor dem sicheren Tod,
und in der Hungersnot erhält er sie am Leben."*
Psalm 33,16-19

*Lieber Herr,
hilf mir, mutig zu sein, weil ich um deine Kraft weiß.
Lass mich zugleich erkennen, dass deine Kraft mich stützt.
Du bist so gnädig und verständnisvoll, wenn ich versage.
Hilf mir zu tun, was dir gefällt,
und gebrauche mich in deinem Dienst.
Das bitte ich in Jesu Namen, amen.*

Ihm nachfolgen

Lesen Sie in dieser Woche jeden Morgen Psalm 91, das Gebet eines Kämpfers. Achten Sie auf die Verheißungen, die Gott in diesem Psalm gibt. Er ist unser Schutz, unsere Zuflucht, unsere Burg. Gott befreit uns und behütet uns. Seine Treue schirmt uns ab wie ein Schild. Wir brauchen keine Angst zu haben, denn er beschützt uns. Weil wir ihn lieben und seinen Namen kennen, verspricht Gott, bei uns zu sein – er will uns retten, uns zu Ehren bringen und uns ein erfülltes Leben schenken. Entdecken Sie diese Verheißungen ganz neu!

Und fassen Sie Mut.

Das Lämmerrennen

Es passiert jedes Jahr – mit jedem neuen Jahrgang von Lämmern. Sie haben dieses Verhalten nicht gelernt, und doch geschieht es garantiert.

Die Lämmer, die sonst immer lebhaft und flink sind, stehen plötzlich wie auf Kommando still, als wären sie Sprinter, die auf den Startschuss warten. Dann, als ob tatsächlich so ein Signal die Stille durchbrochen hätte, stürmen sie alle auf einmal los, folgen, wie von Zauberhand geführt, einer scheinbar bekannten Route. Sie sausen nach Westen, auf die untergehende Sonne zu, umrunden einen verlassenen Plastikeimer, biegen an der Melkhütte scharf rechts ab und vollbringen an der Ziellinie eine Vollbremsung – bei ihren friedlich grasenden Müttern.

Was für ein Wunder!

Freude. Pure Freude.

Und ich habe das Vorrecht, es beobachten zu dürfen.

Diese wolligen Geschöpfe, nur ein paar Wochen alt, springen und tanzen mit jeder Faser ihres Körpers. Wenn ich sie so sehe, bekomme ich eine Gänsehaut.

Und ich bin nicht die Einzige, der es so geht. Wenn eines der Kleinen an einem alten Mutterschaf vorbeihüpft, vergisst dieses sich manchmal für einen Augenblick und macht mit. Die alte Dame wuchtet ihren Leib ein oder zwei Mal in die Höhe, doch dann denkt sie an ihr Alter und ihre gesellschaftliche Stellung und wendet sich wieder den Grasbüscheln zu.

Woher wissen die Lämmer, dass jetzt so ein Rennen beginnt?

Dieser stille, aber gleichzeitige Start – wie bekommen sie das hin?

Sind sie wirklich so voller Freude und feiern die Schönheit ihrer Welt?

Oder übertrage ich nur menschliche Gefühle auf Tiere, die dazu gar nicht in der Lage sind?

Die Wissenschaft ist geteilter Meinung darüber, ob Tiere Gefühle haben, für mich aber sieht das Spiel der Lämmer fröhlich aus. Das Gras ist frisch, grün und in Hülle und Fülle vorhanden. Die Luft ist klar und voller aufregender Düfte. Die Sonne scheint und wärmt die lockigen Pelze der Lämmer. Die Mütter in der Nähe sind zwar beschäftigt, lauschen aber immer aufmerksam auf den Klang der Lämmerstimmen.

Die Kleinen sind in Sicherheit. Die Welt ist unbeschreiblich schön.

Die Lämmer *müssen* einfach springen und toben. Um zu feiern. Um Gott zu loben.

So wie wir.

Die Welt um uns herum ist vielleicht dunkler als die der Lämmer. Manche unter uns haben zu kämpfen mit tragischen und unvorstellbaren Schicksalen, die ihnen das Feiern schwer machen. Andere sind mit den schweren Problemen geliebter Menschen konfrontiert. Und wir alle sehen die Nachrichten und stellen uns viele Fragen über unsere Welt.

Doch trotz allem, was uns entmutigen will, können wir Hoffnung finden, wenn wir nur danach Ausschau halten.

Und mit der Hoffnung stellt sich auch die Freude ein.

Nehmen Sie die Schönheit der Welt Gottes wahr – die kleine Blume in einer Ritze zwischen Pflastersteinen oder der majestätische Berggipfel. Beginnen Sie, die kleinen Schönheiten mitten im Alltag zu entdecken: das Lächeln, das wir einander schenken, eine freundliche Geste, ein kleiner Trost. Und wenn Sie in Ihrer Umgebung nichts Schönes sehen, dann schauen Sie nach oben. „Der Herr ist gut zu uns, seine Gnade hört niemals auf, für alle Zeiten hält er uns die Treue“ (Psalm 100,5).

Wenn meine Lämmer losrennen, dann lassen sie raus, was in ihnen ist. Sie hören auf die Aufforderung des Psalmdichters: „Jubelt dem Herrn zu, ihr Völker der Erde“ (Psalm 100,1)! Ich genieße das und stelle mir vor, dass Gott es auch genießt.

Auch wir können lernen, ihn zu preisen. Es gibt viele Möglichkeiten, unser Lob auszudrücken. In Psalm 73 wird Musik vorgeschlagen, sowohl instrumental als auch mit Gesang. Und wer weniger musikalisch ist, kann es mit Jubeln probieren. Glücklicherweise lebe ich so weit von meinen Nachbarn entfernt, dass meine Jubelschreie sie nicht stören.

Egal wie Sie es tun, preisen Sie Gott von ganzem Herzen und aus tiefster Seele. Psalm 45 beginnt mit den Worten: „Mein Herz ist von Freude erfüllt, ein schönes Lied will ich für den König singen. Wie ein Dichter seine Feder, so gebrauche ich meine Zunge für ein kunstvolles Lied."

Versuchen Sie es doch auch. Machen Sie sich keine Gedanken, wie Sie dabei aussehen oder klingen. Blenden Sie Ihre inneren Kritiker aus. Das Lob ist für Gott bestimmt. Denken Sie an meine kleinen Lämmer, die so schnell rennen, wie ihre Beine sie tragen können, die auf ihrer Rennstrecke einfach irgendwo in die Luft springen, Staub aufwirbeln, wenn sie um die Kurven rasen, und ab und zu auch andere mit ihrer enormen Freude anstecken.

Loben Sie Gott auch so.

„Ich aber werde jubeln und mich freuen,
wenn der Herr eingreift und mir hilft.
Alle meine Glieder werden einstimmen und dich loben:
‚Herr, niemand ist wie du!'"
Psalm 35,9-10

„Er gab mir ein neues Lied in meinen Mund,
einen Lobgesang für unseren Gott. Das werden viele Leute hören,
sie werden den Herrn wieder achten und ihm vertrauen."
Psalm 40,4

Herr,
hier sind wir.
Das Leben hat uns beigebracht,
vorsichtig zu sein und uns zu beherrschen.
Hilf uns, dass wir uns ganz auf dich einlassen,
uns selbst im Lob vergessen.
Lehre uns, dich und deine Schönheit
in dieser unvollkommenen Welt zu sehen.
Lehre uns, unsere Ehrfurcht und unsere Freude
im Gebet zu dir auszudrücken.
Ja, zeige uns, wie man feiert.
Im Namen Jesu, amen.

Ihm nachfolgen

Wie sich Ihre Freude ausdrückt, hängt sehr von Ihrer Persönlichkeit und Ihren bisherigen Erfahrungen mit dem Lob Gottes zusammen. Sie können damit beginnen, einen Anbetungspsalm laut zu lesen, als Ihr eigenes Gebet zu Gott. Die Psalmen 145, 147, 148 und 150 sind fast ausschließlich dem Lob Gottes gewidmet und wären ein guter Anfang. Probieren Sie auch etwas anderes aus – zum Beispiel ein Gedicht zu schreiben, im Auto ein Lied aus dem Radio mitzusingen, Skulpturen zu schaffen, zu tanzen, zu malen oder zu zeichnen.

Es muss ja kein anderer zu sehen bekommen.

Loben und preisen Sie Gott, feiern Sie.

Lassen Sie sich ganz darauf ein.

Dem Hirten folgen

Seit vielen Jahren bin ich schon Christin. Ich lese in der Bibel und versuche im Licht des Wortes Gottes zu leben. Doch oft versage ich dabei gründlich. Wenn ich mich noch mehr anstrenge, macht das mein Leben als Christ nicht gerade besser.

Menschliche Bemühung allein reicht also nicht aus. Es muss noch einen anderen Weg geben, auf dem es besser geht – einen, der Gott gefällt. Bill Griffiths, der Koautor eines schönen Buches über Vergebung[16], erzählt darin eine Geschichte über ein Schaf. Er hatte sich das Schaf als Haustier gekauft, denn er wollte auf diese Weise mehr über Gott und dessen Beziehung zu seinem Volk lernen. Die Tatsache, dass Bill auf der schicken Insel Long Island lebte, hielt ihn nicht davon ab. Bill nannte das Schaf Matthäus und ging jeden Tag mit ihm spazieren. In der ganzen Gegend kamen die beiden herum, wobei das Schaf Bill immer auf den Fersen folgte und sich ganz an seinem Besitzer orientierte (ich weiß nicht, ob Bill Griffiths sich selbst als einen Hirten bezeichnen würde).

Eines Tages sah ein Polizist die beiden und bestand darauf, dass Bill das Schaf anleinte. Bill wusste zwar, dass das nicht nötig war, aber er hielt sich an die Anweisung. Doch als er versuchte, mit Matthäus an der Leine spazieren zu gehen, wurde alles anders. Matthäus folgte nicht mehr dicht hinter Bill, sondern hielt sich am äußersten Ende der Leine auf – fast vier Meter entfernt. Wenn Bill ihn losmachte, folgte Matthäus wieder direkt hinter ihm. Sobald er ihn aber anleinte, hielt Matthäus sich so weit wie möglich entfernt.

Bill wunderte sich über das Verhalten des Schafes und bat Gott um eine Einsicht. Er wusste ja bereits, dass Schafe ihrem Hirten normalerweise von selbst nachfolgen. Doch als Matthäus angebunden wurde und die Leine ihn ablenkte, konzentrierte er sich nicht mehr auf den Schäfer. Durch diese Blickänderung war er nicht mehr in der Lage, Bill zu folgen.

Die Leine gab Matthäus zu viel Stoff zum Nachdenken. Statt auf Bill zu achten und dicht bei ihm zu bleiben, musste das Schaf die Leine berücksichtigen. Das war eine schwierige Übung, die das Schaf von seinem Hirten entfernte. Statt bei seinem Hirten zu bleiben, einfach weil er ihn liebte, musste Matthäus bleiben, weil eine äußere Kraft ihn dazu zwang.

Mit der Leine wurde aus Freude Anstrengung.

Es „richtig" machen zu wollen, funktioniert bei niemandem – außer bei Jesus, der den Vorteil hatte, dass er selbst Gott war. Jesus hat das Gesetz für uns erfüllt und ruft uns jetzt dazu auf, mit ihm zu gehen.

Wenn wir unser Christsein so leben wollen, als ginge es darum, ein Gefüge von Regeln zu beachten oder eine tägliche To-do-Liste abzuhaken, endet das nur im Frust.

Es ist zwar gut gemeint wie die Leine von Matthäus, aber es kann nur schiefgehen.

Seit über dreißig Jahren folge ich nun Jesus nach.

Ich weiß nicht immer genau, wohin er mich führt.

Manchmal zweifle ich sogar daran, *dass* er mich führt.

Wenn ich aber auf all die Jahre zurückblicke, kann ich sehr wohl sehen, wohin er mich geführt hat. Immer wieder ermutigt er mich und sagt mir, dass ich genau dort bin, wo er mich haben wollte, genau das tue, was er möchte. Ich bin mir zwar nie hundertprozentig sicher, wie er mich in Zukunft führen wird, aber ich vertraue meinem Hirten hundertprozentig.

Er führt mich so, wie er es versprochen hat.

Ich weiß, dass er mein Hirte ist.

Ich weiß, dass ich sein Schaf bin.

Diese Beziehung ist der Schlüssel zum Leben als Christ, und nicht das, was ich versucht oder erreicht habe. Viele Christen haben dieses Geheimnis entdeckt. Oswald Chambers schreibt: „Beim Christsein geht es nicht um das Werk, das wir tun, sondern um die Beziehung, die wir pflegen, und um die Atmosphäre, die durch sie entsteht. Gott erwartet nur von uns, dass wir uns um diese Beziehung kümmern, und in diesem einen Punkt werden wir ständig angegriffen."[17]

Ja, wir werden angegriffen. Wir werden in so viele verschiedene Richtungen gezerrt von unseren Wünschen oder Ängsten, unserem vollen Terminkalender oder unseren verborgenen Sünden. Obwohl wir uns nach Gott sehnen, laufen wir vor ihm weg und suchen vieles andere.

Wir stellen fest, dass wir nicht einmal in der Lage sind, die Verbindung zu ihm aufrechtzuerhalten.

Doch es gibt eine gute Nachricht! Selbst das tut Gott für uns: „Gepriesen sei der Herr! Tag für Tag trägt er unsere Last; ja, er, Gott, ist unsere Rettung" (Psalm 68,20 NGÜ).

Der Hirte rettet uns. Unser Leben – Leib und Seele – sind in seiner Hand. Er wird uns nie im Stich lassen.[18] Der Geist Gottes lebt und atmet in uns, damit wir mit Gott gehen, in ihm bleiben – ihm alle Tage unseres Lebens folgen können.

Den Blick auf Jesus richten, ihm dicht folgen – das heißt Christsein. Auf den Hirten achten, das tun, was er tut – es ist so einfach, dass ich oft denke, es müsste doch schwieriger sein. Doch immer wenn ich meine, ich müsste dem noch etwas hinzufügen, geht es schief und ich komme auf meinem Weg nicht mehr weiter.

Einfach – vielleicht.

Leicht?

Nein.

Aber es geht.

„Mit Gott gehen" ist ein starkes Bild, mit dem wir Menschen beschreiben, die im Einklang mit Gott leben. Schafe sind sehr begabt darin zu folgen und drücken so ihre Verbundenheit mit ihrem Hirten aus.

Wir, die Schafe, die Gott mit eigener Hand leitet, wir können das auch.

Möge der Weg, den wir gehen, ihm große Freude bereiten.

„Glücklich sind die Menschen, denen man
nichts Böses nachsagen kann, die sich nach Gottes Gesetz richten.
Glücklich sind alle, die sich an seine Weisungen halten
und ihm von ganzem Herzen dienen.
Sie tun kein Unrecht, denn sie leben nach seinem Willen.
Was du, Herr, angeordnet hast, soll jeder genau beachten."
Psalm 119,1-4

„Um eines habe ich den Herrn gebeten; das ist alles, was ich will:
Solange ich lebe, möchte ich im Hause des Herrn bleiben.
Dort will ich erfahren, wie gut der Herr es mit mir meint, still nachdenken im heiligen Zelt. Er bietet mir Schutz in schwerer Zeit
und versteckt mich in seinem Zelt. …
Ich erinnere mich, dass du gesagt hast: ‚Suchet meine Nähe!'
Das will ich jetzt tun und zu dir beten. … Vertraue auf den Herrn!
Sei stark und mutig, vertraue auf den Herrn!"
Psalm 27,4-5.8.14

Machen Sie eine Pause zum Nachdenken. Sela.
Und dann folgen Sie ihm!

Quellenangaben

1 Psalm 78,70-72.

2 Lukas 9,23.

3 Psalm 81,14 (NGÜ).

4 Lewis, C.S. *The Four Loves*. New York: Harcourt, Brace, 1960, S. 121. Auf Deutsch erschienen unter: *Was man Liebe nennt. Zuneigung, Freundschaft, Eros, Agape*. Basel: Brunnen Verlag, 2004.

5 1. Samuel 21,11-16.

6 Kendrick, K.M., daCosta, A.P., Leigh, A.E., Hinton, M.R., Pierce, J.W. *Sheep Don't Forget a Face*, Nature (404), 8. November 2001, S. 165-166.

7 Apostelgeschichte 13,22.

8 Dieses Zitat wird der amerikanischen Komikerin Lucille Ball (1911-1989) zugeschrieben. Ich habe es am 6. Dezember 2007 auf folgender Internetseite gefunden: www.famousquotes.com/show.php?_id=1013131.

9 Die Geschichte „Butchers and Shepherds" las ich am 6. Juli 2007 auf folgender Internetseite: www.clarion-call.org/yeshua/sheep/butchers.htm.

10 Eldredge, John & Stacy. *Captivating: Unveiling the Mystery of a Woman's Soul*. Nashville, Tennessee: Thomas Nelson, 2005, S. 7. Auf Deutsch erschienen unter: *Weißt du nicht, wie schön du bist? Was passiert, wenn Frauen das Geheimnis ihres Herzens entdecken*. Gießen: Brunnen Verlag, 11. Auflage, 2013.

11 Young, William Paul. *Die Hütte*. Berlin: Allegria, 8. Auflage 2009, S. 151.

12 Keller, W. Phillip. *Psalm 23. Aus der Sicht eines Schafhirten*. Asslar: Gerth Medien, 2009.

13 Jenkins, S., Hodges, B.A. *Ram Kills Elderly Couple*, Salisbury Post Online, 6. November 2000.

14 Eareckson Tada, Joni. Vortrag auf der Konferenz „Writing for the Soul". Colorado Springs, Colorado, 2004.

15 Psalm 140,7.

16 Griffiths, B., Griffiths, C. *The Road to Forgiveness*. Nashville, Tennessee: Thomas Nelson, 2001, S. 169-175.

17 Chambers, Oswald. *My Utmost for His Highest*. New York: Dodd, Mead & Co., 1935. Andacht vom 4. August. Auf Deutsch erschienen unter: *Mein Äußerstes für sein Höchstes*. Neubearb., 4. Aufl., Lüdenscheid: Blaukreuz, Holzgerlingen: SCM Hänssler.

18 Psalm 31,6.